선거,
치열함을 벗고 축제가 되다

이정호 지음

헤로도토스
HERODOTOS

차례 CONTENTS

06 · 서문

》》 나라를 바로 세우는 것이 나와 무슨 관계가 있는가?

14 · 민초가 결정권을 가져야 민주국가다
  - 국민투표가 답이다
24 · 청년이여, 빼앗긴 주권과 정치를 되찾기 위해 어찌해야?
  - 정치인들은 침몰하는 배에서 가만히 있으라고 한다
31 · 여성의 한숨을 기쁨과 따뜻함으로 바꾸어 보자
  - 근로기준법 제6조(균등한 처우)에 대한 숙고
37 · 장애인이여, 우리 모두 손을 맞잡고 나아가자
41 · 노조역할이 필요없이 복지가 잘 되고 기업인과 부자가 존경받는 세상
  - 기업이 투명경영하면 정치자금 낼 필요없고 경영권 방어에 국가가 책임, 감옥갈 일 없다
47 · 깨끗한 기업과 부의 양극화 해결

》》 여러분은 더 심한 독재를 원하는가?

56 · 정치는 우리의 생명과 지갑을 관리하는 것
  - 욕심이 없는 사람을 대통령으로 뽑으면 바로 정치가 쉬워진다

65 · 국민을 집단 살인해도 배불리 먹여주면 용인할 수 있는가?

72 · 빼앗긴 주권과 정치 찾기

  - 똑똑한 시민이 새로운 정치집단을 만들어야 하는 이유

77 · 주권을 찾는 방법

  - 창당을 위한 입당원서를 받아 출마하면 반드시 당선된다!

83 · 정직하고 욕심없는 마음에서 비롯된, 정치는 아주 쉽다

  - 공소시효를 없애면 공직자의 비리는 없어질 것이다!

87 · 똑똑한 시민은 자기 방어권부터 찾는다

  - OECD국가 중 우리나라만 사립탐정제도가 없다
    조속한 사립탐정제도 도입을!

94 · 부패를 청산하는 당과 부패정당(국힘, 민주당) 중 운명 선택

  - 정치연구소, 지구당 운영, 당선자 교육을 통해 올바른 정치의 길로 인도

>>> 부마항쟁 촉발자와 광주를 피로 진압한 자들을 처벌할 수 있다

106 · "빨갱이"란 단어의 유래(우리를 조직적으로 괴롭힌 역사적인 사건)

116 · 5·18을 비롯한 역사 정신의 계승과 기념관 관리

122 · 우리를 어렵게 하는 것은 일제와 독재 잔재 법과 나만 살려는 국민의 생각이다 : 내가 국민이고 내가 나서면 바꿀 수 있다

차례 CONTENTS

- 125 · 신뢰도가 가장 높은 의사의 진단과 단호한 치료 : 우리를 괴롭게 하는 것들의 통제
- 135 · 편 가르기 말고 이번 선거로 바꿔야?
- 137 · 개혁을 확신할 수 있는 역사적인 교훈이 힘이다
- 143 · 대선에서 알아야 할 것이 무엇인가?

≫ 나라를 용광로에 넣자 : 각 부처의 역할과 개혁해야 할 사항

- 150 · 입법부의 이해와 개혁으로 입법권을 찾자
- 158 · 재판 잘못한 법관은 벌 받는 사법부
- 164 · 국민이 법률을 발의할 입법권을 만들기 바란다
- 168 · 우리를 숨 못 쉬게 하는 검찰 : 일제와 독재의 잔재인 검찰
- 174 · 1, 3, 4심(현재 헌법재판소 역할)을 맡는 4심제 도입 : 신속공정한 재판
- 179 · 국민의 탄핵을 받는 5권 (입법, 사법, 행정, 검찰, 헌법재판관) : 탄핵을 쉽게 할 수 있어야 탄핵당할 사람이 없어진다

≫ 원칙적이어야 할 행정부 : 공직자의 부정은 공소시효 무한

- 184 · 생각을 바꾸면 정치는 쉽다
- 189 · 인사혁신은 어떻게?

195 · 우리 경제의 방향 : 기획재정부의 대변혁
211 · 미래 경제는 복지에 많은 비용을 써야 된다
217 · 교육개혁과 행복한 우리 후손
224 · 사) 희망교육의 새로운 정책
230 · 외교부의 관리와 공무원 해외 연수
235 · 국방부의 변신
239 · 무질서한 법무부

〉〉〉 용광로에서 만들어진 나라

244 · 우리나라의 아름다운 미래
246 · 여야가 경쟁적으로 시민을 주인으로 모시는 나라
247 · 여야가 짜고 봐주는 부조리가 깨끗해지는 나라
248 · 개인 정당 방위권 수호
250 · 일상생활이 걱정 없는 나라
252 · 국립대학 통합과 기초과학 부흥
257 · 영세 중립국 : 모든 나라가 우방인 나라

서문

나는, 내가 사랑하는 사람이 사는 대한민국을 사랑한다. 내가 사랑하는 사람이 자살율 1위인 나라에서 살게 하는 것은 사랑이 아니다. 사랑하는 사람이 불속에 있을 때 불속에 들어가 구하는 마음으로 이 글을 쓴다.

이 글의 주된 관점은 정치는 주인의 뜻에 따라야 한다. 먹고 사는 문제의 해결 즉 많은 일자리를 만들어서 모든 국민이 노동의 기쁨을 나눈다. 희망과 기회균등, 억울한 사람이 없는 나라를 만드는 것이 주제이다. 이 주제를 가지고 우리나라의 막혀있는 몇 가지의 큰 줄기를 해결하는 방법을 썼다. 이것을 해결하면 모든 문제의 실마리가 풀릴 것이다. 서술 방식은 경험을 토대로 이야기 형식으로 쉽게 풀어 놓았다.

우리나라는 민주국가인가? 우리나라는 이제 진정으로 국민을 위한 민주정부를 세워야 할 때임을 분명히 선언하고 행동으로 반대세력을 물리쳐야 할 것이다. 우리나라가 민주국가라고 알고 있는 사람이 있는가? 소수의 권익을 위한 수구의 국가이다. 이들은 우리나라에 원칙을 세우고 질서가 잡히는 것을 싫어한다. 이제까지 자신들도 모르게 물들어 있던 일제 잔재세력과 군사 독재세력의 사악한 관습을 과감히 씻어 내야 할 것이다.

우리나라의 모든 백성을 어렵게 만든 것은 반민족적 반국가적인 세력들이다. 이들은 옳고 그름을 따지지 않고 친일잔재세력, 군사독재세력과 이들에게 빌붙어서 이득을 보아온 기득권 수구세력들이다. 다수의 국회의원을 비롯한 정치인들이다. 이것이 우리 모든 국민을 어렵게 하고 혼돈케 하는 원인이다. 그리고 이들은 자신들이 어려움에 처할 때마다 편가르기로 국민을 분열시켜서 어려움을 모면해 왔다. 이들은 입만 열면 국민을 위한다고 하나 자신의 이익을 위해서는 이웃을 배신하고 나라는 관심도 없는 사람들이다.

따라서 모든 분야가 일제강점기나 군사독재체재의 큰 틀을 그대로 유지하고 있다. 그 조직의 구성원들이 장시간 길들여 있어 무엇이 잘못되어 있는지 모른다. 알아도 자기들이 기득권을 지키기 위해 자신들이 가지고 있는 것을 국민에게 내어놓기 싫은 것이다. 그렇게 민주를 외치는 집권세력인 민주당과 국민의힘 당이 국회만이라도 제대로 운영해야 할 것이 아닌가? 나라를 망하게 하는 다수의 잔재세력은 모순된 현 법체제가 자신들의 이권과 관계되어 있기에 고칠 생각조차 안 하고 있다. 자신들의 이권이 최우선이다.

또 우리를 어렵게 하는 것은 학자들이다. 학자들이 이론을 쉽게 해석하여 정리해놓아야 할 것이다. 모든 분야는 그 분야가 생긴 이유를 알면 쉽고 간단하다. 감히 내가 전공자가 아닌데 책을 쓸 수 있을까? 지식을 모두 나열해 정리가 안 된 상태로 난해하게 풀어 놓았다. 당연히 여러 세계적인 학자들의 주장을 열거해 놓고 학생들이 자기 나름대로 새로운 평가와 정리를 할 수 있게 만들어야 할 것이다.

또 우리를 어렵게 하는 것은 공직자들이다. 학자들이나 국회에서 만들어놓은 것을 잘못 이해하고 있고 일부 몰지각한 공직자들이 자기의 이권을 먼저 생각하여 그것을 가지고 국민을 괴롭혀 뇌물을 받아내려니 더욱 어렵다.

나는 생활 속에서 어떠한 분야의 태동과 목적을 통해서 정의를 내리고 늘 대안을 세워 보는 것이 습관처럼 되었기에 단순하고 쉽게 생각이 되었다. 그래서 평범한 비전공자들도 쉽게 이해하고 우리 국민을 위해 이들이 잘하고 있는지 잘못하고 있는지 평가할 수 있게 하려고 이 책을 쓴다. 또 원리대로 생각하면 간단한 것을 우리 국민을 혼돈시키고 있다.

언론이 우리를 가장 어렵게 만든다. 언론의 사명은 국민에게 바른 소식이 전해지도록 바른 취재원을 통해서 정직한 보도로 국민이 사실을 볼 수 있게 해야 하는 것이다.

언론이 자신의 이권을 위해 사실 왜곡을 하고 불의한 자들과 결탁하며 자신의 이권을 위해 일한다면 사회에 가장 큰 해독이 될 것이다. 관점이 다른 것이 아니다. 또 가짜뉴스를 만드는 사람들이 우리를 어렵게 만든다. 가짜뉴스는 시선을 흐리게 하여 무엇이 옳으며 무엇이 그른지 판단하지 못하게 한다.

우리의 모든 삶은 정치에서 나온다. 정치는 그 어떤 것보다 중요하다. 정치에 관한 책은 수없이 많다. 정치하려는 사람도 많다. 그러나 나라를 바로 세워 보고자 하는 사람들도 정치가 무엇이며 어떤 마음으로 참여해야 하는지 알지 못하고 뛰어드는 수가 많다. 그래서 수많은 사람과 정치인들을 대하면서 정치에 관심은 많으나 정치에 대해서 알고 있는 사람이 적음을 깨달았다. 심지어 정치학을 공부한 사람까지도 잘못 이해하고 정치의 목적과 정치인이 되는 동기가 잘못 되는 경우가 많다. 그래서 정치의 실제라는 교과서가 필요할 것으로 생각되었다. 그래서 지금까지의 경험을 토대로 우리 시민이 정치를 바로 이해할 수 있게 하려고 이 책을 쓴다.

그래서 쉬운 것을 어렵게 만드는 사람들 때문에 우리나라가 자살률 1등, 출산율 최하위인 가장 살기 어려운 나라, 멸망을 향해 치닫고 있는 나라가 되었다. 우리에게 필요한 현안은 무엇이며 그 해법은 무엇인가? 모든 시민이 주권을 되찾는 방법은 국민 발안제, 국민의 공천권 행사, 국민 소환제이다. 국민투표제, 중요한 사안마다, 국민 발안제는 국민이 직접 특정법안 등을 제안하는 것이다.

공직자들이 자신이 무엇을 하는 사람인지 알리고 바르게 하고 싶어도 못한 부분의 대안을 제시함으로 업무를 잘 수행할 수 있도록 하는 것이 중요한 목표이다. 예를 들면 부족한 수사 인력과 재판 인력을 해결하고 공정한 재판이 되도록 대안을 제시하는 것이다.

으로 말미암아 공직자들이 국민을 제일로 떠받드는 민주주의 대한민국을 만드는 것이다.

지도자는 시민의 의사를 모으고 시민이 결정한 것을 시행하는 역할을 하는 사람이어야 한다. 모든 국민은 법 앞에 평등, 사면권, 억울한 사람은 신문고에 호소, 기회균등(교육과 취업), 생활 안정을 위한 모든 정책, 출생부터 무덤까지 국가가 보장하게 하기 위한 방법 등으로 사는 것 자체가 행복한 나라, 전 세계 모든 사람이 와서 살고 싶은 나라를 만들기 위한 방법을 제시하여 보고자 한다. 다시 말하면 기회균등하고 억울한 사람이 없는 아름다운 희망의 나라를 건설하기 위하여 이 글을 쓴다. 이 목적의 달성은 여러분의 사랑과 열정으로 함께 이루어 나아가야 할 것이다. 이 책이 발간되기까지 최자영 교수, 강종일 박사, 장하준 교수, 이병수 교수, 오세원 박사, 진용훈 목사, 박남숙 목사, 저의 사랑하는 딸 평화와 승리, 전호균, 조용혁, 장세은, 박재현 박사, 윤태룡 교수, 최양근 교수, 박찬선, 송세준 대표, 주정관 교수, 양선영 선생님, 김문영 소장께 감사를 드린다.

선거,
치열함을 벗고
축제가 되다

선거, 치열함을 벗고 축제가 되다

나라를 바로
세우는 것이
나와 무슨 관계가
있는가?

민초가 결정권을 가져야 민주국가다
- 국민투표가 답이다

원리를 알면 모든 것이 쉽다. 헌법 제1조 제1항은 '대한민국은 민주공화국이다'이며 제2항은 '대한민국의 주권은 국민에게 있고 모든 권력은 국민으로부터 나온다'이다. 함께 하는 세상, 국민이 주인인 나라를 만들어보자. 헌법의 개정은 대통령이나 국회의원의 제안으로 먼저 국회에서 의결이 이루어져서 최종적으로 국민투표로 결정이 된다.

'국민주권주의'는 국가의사를 최종적으로 결정할 수 있는 최고의 권력이 국민에게 있다는 원리이다. 국민이나 국회의원들이 국민투표를 모든 중요한 사항에 적용하는 이러한 법을 만들었으면 군부 쿠데타가 불가능했을 것이며, 군대나 공권력을 동원한 대량학살사건은 일으킬 수가 없었을 것이다.

우리에게 힘을 주신다면 어떠한 어려운 문제도 쉽고 조용하고 기쁜 마음으로 해결할 수 있을 것이다. 국민들이 원하는 것이나 원치 않는 것을 모두 국민투표로 결정하면 국민이 편가르기 해서 싸울 필요도 없다. 모든 문제를 즐겁게 해결하고 국민을 늘 행복하게 할 수 있을 것이다.

　행복지수가 세계에서 제일 높은 나라를 만들 것이 확실하다.

　이번 기회에 국민투표와 국민주권을 온 국민이 알 수 있게 되기를 바란다.

　국민투표는, 국민을 대신하여 행정부나 국회 구성이 일을 처리하는 간접민주주의인 '대의민주주의' 제도의 단점을 보완하기 위하여 현대국가가 채택하고 있는 직접민주주의 정치제도의 한 형태이다. 국가의 의사형성이나 중요정책에 대하여 국민의 찬성과 반대의 의사를 표결로 결정, 국민의 의사를 명확히 반영하기 위한 절차이다.

　대한민국 헌법은 헌법개정안을 국민투표에 부쳐 확정하도록 규정하고 있다. 따라서 국민투표는 헌법개정의 최종 절차이다. 또한 대통령은 필요하다고 판단될 때 외교, 국방, 통일, 그리고 기타 국가 안위에 관한 중요정책을 국민투표에 부칠 수 있다. 그 외에 지방자치법 등에서 규정하고 있는 주민투표도 일종의 국민투표로 간주할 수 있다.

　국민투표의 유형으로는 국민거부, 조정적 국민투표, 국민표결, 국민발안, 상의적 국민투표, 의회해산 국민투표, 국민소환, 그리고 신임투표 등이 있다.

　'국민거부'는 하나의 법률이 국회에서 가결되어 공포된 뒤에 일정 수의 국민이 반대의사를 표시하면 그 법률의 존폐 여부를 결정하기 위하여 시행하는 투표이다. 조정적 국민투표는 의회에서 통과된 법안이 정부의 견해와 서로 다를 때, 또는 국회의원의 3분의 2 이상이 대통령의 해임을 요구할 때, 조정을 위하여 실시하는 투표이다. 우리나라의 경우는 모든 사안이 거대 여야의 당리당략에 의해서 결정되기 때문에 대통령의 해임뿐만 아니고 국회에서 결정된 모든 사안을 국민투표로 결정하여야 진정한 국민투표의 의미가 있다. 지금이라도 의무적으로 국민투표를 실시하는 법을 만들어야 한다.

 국회에서 결정된 모든 탄핵, 남과 북의 관계에 대한 결정, 외교적인 문제, 계엄령 선포, 국회의원의 이해가 걸린 사안, 국민의 생활과 직결되는 연금법 개정, 노동시간, 최저 임금을 정할 때 모두 국민투표에서 결정해야 한다. 또 행정수도를 옮긴다든지, 기본소득, 코로나로 소상공인과 자영업자 돕는 문제, 토지공개념, 중요한 일이 너무 많다.
 지금 대선 공약을 보면 한심하다. 코흘리개 아이들에게 예쁜 옷 사줄게, 돈을 얼마 줄게 이런 수준의 공약이다. 법을 좀 공부하고 어른스러운 대통령 선거가 되고 성숙한 공약을 내어놓길 바란다. 지금 대선 후보의 공약은 당선되어도 야당의 반대로 실시하기도 어렵다.
 국회의원들이 일은 하지 않고 싸움질만 하는 것도 불가능했을 것이다. 일본과 외교 문제로 위안부 문제를 해결하는 데에 유용했을 것이다.

우리가 추우나 더울 때나 나와서 데모하는 수고가 필요 없어진다. 첨예한 사안이 있을 때마다 국민투표로 결정하면 된다.

많은 민주 투사들이 희생되지 않아도 되었을 것이다. 이렇게 좋은 제도가 있는데 왜 사용하지 않았을까? 국민표결은 국민인준이라고도 하는데, 헌법의 제정과 개정, 법률 제정 등을 국민투표에 부쳐 확정하는 경우이다.

'국민발안'은 일정 수의 국민에게 발의권을 인정하고 이들이 발의한 사항을 국민투표에 부쳐 결정하는 경우이다. 국민에게 인정되는 발의는 헌법개정 발의, 입법사항 발의 등이다. '상의적 국민투표'는 중요한 안건이나 특수한 안건에 대하여 그것을 결정하기 전에 미리 국민의 의사를 묻는 투표이다. '의회해산 국민투표'는 국가 원수의 요청 또는 국민발안으로 의회를 해산하기 위하여 시행하는 투표이다. '신임투표'는 영토의 병합, 그리고 국민이나 주민의 귀속 문제를 결정하거나, 통치자가 자기 권력의 정당성을 얻기 위하여 실시하는 국민투표 제도이다.

그리고 '국민소환'은 공직에 있는 자를 임기 전에 국민투표에 부쳐 해임하는 제도이다. 그러나 이 법은 너무 숫자를 많이 정하여서 흉내만 내고 사용하지 못하게 만들었다. 선진국처럼 유권자의 1.5%가 서명하면 발의가 되게 하고 찬성이 많으면 해임할 수 있게 해야 한다.

그럼 국민투표의 기능에 대해 살펴 보겠다. 국민투표의 기능은 다음과 같이 여섯 가지로 나눌 수 있다.

① 정치권력에 최고의 권위를 부여하고 그 정당성을 인정한다.
② 의회에 대한 국민의 불신 또는 실망을 보완한다.
③ 정당이 제 기능을 발휘하지 못하고 부패하거나 국회의원이 타락하여 민의에 따르지 아니할 때에 이를 보완한다.
④ 국회의원과 국민의 서로 다른 견해를 조정한다.
⑤ 국가기관 상호 간의 충돌을 해결한다.
⑥ 국민적 불만을 최종적으로 수렴한다.

그러나 민주주의 정치에 부정적 영향을 줄 수 있는 국민투표의 역기능도 다음과 같이 제기되고 있다.

① 집권자의 권력을 강화하는 데 악용될 수 있다.
② 국민투표의 결과가 단순히 선전과 선동에 의하여 결정될 우려가 있다.
④ 실질적으로 대중과 거리가 먼 소수 입법자에 의하여 조작되기 쉽다.
⑤ 찬성 아니면 반대의 흑백논리를 강요하여 진정한 여론이 반영되기 어렵다.
⑥ 대중의 법률에 대한 이해력이 부족한 경우에는 부화뇌동하기 쉽다.

⑦ 규모가 큰 국가에서는 실시상의 기술적인 문제가 있고 많은 경비와 시간이 소비된다.

이제는 대중매체의 발달로 홍보가 쉽고 전자투표가 있기 때문에 국민투표로 표결을 부치는 것이 쉬워졌지만 여전히 집권자의 권력을 강화하는 데 악용될 수 있다는 폐단과 선전과 선동에 의해 결정될 우려와 소수 입법자에 의해 조작되기 쉽다는 우려를 안고 있다.

국민투표는 법적 성격에 따라 레퍼렌덤(referendum)과 플레비시트(plebiscite)로 구분할 수 있다.

'레퍼렌덤'은 헌법상 제도화되어 있는 헌법 규범적인 것으로, 헌법이 국민투표의 대상으로 정한 사항을 확정하는 투표이다. 대개 헌법 개정안이나 국가의 중요한 일 등을 국민의 표결에 부쳐 최종적으로 결정하는 데 사용된다.

'플레비시트'는 통치권의 정당성 또는 계속 집권 여부나 특정 정책에 대한 임의적이고 신임 투표적인 국민결정이라 할 수 있다. 따라서 플레비시트는 헌법상 제도화되어 있지 아니한 헌법 현실적인 성격을 지닌다. 경우에 따라 플레비시트는 전제적 지배를 정당화하는 수단으로 악용되기도 한다. 영토의 귀속이나 집권자에 대한 신임을 확인하기 위한 국민투표가 이 경우에 해당한다.

레퍼렌덤은 직접 민주주의를 구현하는 제도로서 국가의 일정한 사항에 대하여 국민이 직접 국가의사를 결정하는 투표이다. 이에 반하여, 플레비시트는 이러한 법적 효과가 발생하지 아니하고 단지 공권력 주체에 대하여 국민의 의사를 확인시켜주는 데 불과하거나, 자문적인 성격을 가질 뿐이다.

　우리나라는 빼앗긴 나라를 되찾기 위해 김구, 여운형, 홍범도 등 수 많은 애국지사들이 헌신했다. 일본에서 해방된 이후에는 하나 된 나라를 세우기 위해 갖은 위험을 헤치고 살아 돌아온 분들이 남한에서는 미국이 내세운 이승만과 친일 세력에서 친미 세력으로 탈바꿈한 탈바꿈 친미 세력에게 희생되었다. 북한에서는 소련이 내세운 김일성에게 모두 살해되었다. 그뿐인가? 수많은 민초들이 오늘날까지 끊임없이 희생되고 있다. 민주화의 과정 대표적으로 제주 4·3 항쟁, 여순반란사건, 4·19 의거, 부마항쟁, 5·18 민주화운동, 6·10 항쟁이며, 민청학련사건과 동베를린사건을 비롯한 수많은 가짜 간첩사건, 세월호사건, 부패와 기업의 무원칙과 관리 소홀로 매년 수천 명이 희생되고 있다. 북한은 제외하고 남한만 보더라도 친미 탈바꿈 세력들에 의한 끊임없는 도발로 희생되고 있다. 애국선열들은 내가 사랑하는 사람이 사는 나라를 찾고 바로 세우기 위해 오직 내 몸이 없어져도 도움이 된다면 기꺼이 자신의 몸을 바쳤다. 가족의 안위도 모두 바쳤다.
　이것이 무슨 뚱딴지 같은 소리인가? 오늘날 우리나라가 세계 10대 경제 강국인데 무엇을 빼앗기고 무엇이 위기란 말인가?
　지금의 대한민국은 침몰하는 배다. 지도자는 "내 말을 듣고 가만히 있으라"고 한다.

 여러분 가만히 있겠는가? 우리 함께 안전한 배에 오를 것인가? 이제 결정할 때이다. 커다란 배에서 아무 생각 없이 있으면 배가 침몰하는 것을 깨닫지 못한다.

 우리는 왜 위기인가? 우리는 기억한다. 우리는 지도자의 오판이나 정책시행의 잘못으로 엄청난 피해나 위기에 봉착할 수 있음을 체험했다.

 2016년 2월 7일 미국이 중국을 견제하기 위해서 싸드(Terminal high Altitude area defense=THAAD) 10억달러에 도입하라고 해서 박근혜 정부에서 시행했다. 이에 대해 중국과 러시아가 즉각 반발하고 곧바로 제재를 가했다. 중국 주석은 주요 여행사 대표를 불러 한국 여행에 단체와 자유 관광상품 판매를 금하도록 했다. 또 중국 내 롯데마트 99개 대부분이 소방점검에 따른 강제 영업정지, 150개 롯데 계열사 세무조사 3조 원을 들인 롯데월드 공사 중단, 현대자동차 37.1% 감소 88억 6000만 달러의 적자를 기록하여 한국경제에 8조 5000억의 손실을 입었고 절대로 망할 것 같지 않던 수많은 중국 내의 이마트와 롯데마트가 한꺼번에 철수하여 얼마나 많은 어려움을 겪었는가? 거기에서 일하던 많은 직원들과 가족들이 해고로 아픔을 겪었다.

 또 북한이 북한의 미사일인지 위성인지 모를 그 발사체를 쏘아 올린 일을 계기로 어렵게 이루어 놓은 개성공단에서 기업들의 철수를 결정했다. 개성공단이 잘되어 우리 기업과 많은 사람들 그리고 북한 주민들도 좋아했다. 미국에 대한 과잉 충성으로 독자 대북제재를 가하기 위해 우리나라 대한민국 정부와 새누리당은 개성공단에서 기업들을 철수시키는 조치를 취했다. 그에 따라 2월 11일 오후 5시경까지 개성공단 통행을 허가하고 있다가 북측에서는 폐쇄 조치했고 개성공단을 군사통제구역으로 바꿨다. 따라서 더이상 우리 기업측 사람들은 개성공단에 잔류하거나 공장 가동을 하지 못한 채, 쫓겨오듯 돌아왔다.

야당 더불어민주당, 정의당 등은 개성공단 철수 문제를 두고 정부와 새누리당을 비판하고 있고, 개성공단에 속했던 기업주들도 비상대책위원회를 꾸리고 정부의 이같은 조치에 비판했다.

정부의 개성공단 기업 철수 올바른 판단이었을까? 사람마다 각자의 판단이 다르겠지만, 여러 기사들을 토대로 생각해봤을 때 "글쎄?" 라는 생각이 든다.

냉정하게 판단해서 북한의 핵무기 같은 그런 고집스러운 행동에 우리나라가 독자적으로 대북 제재를 가해서 북한에 압박을 줄 만한 부분이 있을까 싶다. 막말로 북한에게 거의 유일하다 싶을 수출 경로인 중국이라면 모를까, 우리는 그것도 아니고. 북한의 또다른 자금줄인 일본에 존재하는 조총련도 아니다.

즉, 중국이나 일본처럼 북한에게 경제적인 부분이라든가 국가 운영에 있어 타격을 제대로 입힐 수 있는 부분을 우리는 가지고 있지 못하다는 것이다.

그래서 뭔가 압박은 해야겠는데, 예전처럼 우리나라가 북한에 쌀이나 식량지원을 하고 있는 것도 아니니 이 부분도 카드가 되지 못할 것이고 그나마 있는 카드가 개성공단밖에 없었을 것이다.

　북한이 핵무기 개발에 쓰이는 비용을 개성공단에 근로하는 북한 노동자들의 수익 등을 이용했을지 모른다는 이유에서다. 이러한 어려운 일을 과학적인 분석의 근거도 없이 막연하고 즉흥적인 생각으로 조치를 취하지 않았는가?

　이렇듯 지도자가 나라를 흥하게도 망하게도 할 수 있다는 놀라운 생각이 든다. 대통령이 국가예산에 미치는 영향이 대선이 더욱 중요하게 생각된다. 예산낭비, 외국과의 협상에서 벌어드린 돈, 외교로 인한 손실을 감안하면 1년에 대통령 한 사람이 국가 경제에 40조 원 이상과 국민의 삶에 막대한 영향을 끼친다. 그런데도 아무나 뽑아서 되겠는가?

● 청년이여, 빼앗긴 주권과 정치를 되찾기 위해 어찌해야?
― 정치인들은 침몰하는 배에서 가만히 있으라고 한다

　이제 우리 청년들이, 우리나라가 민주주의 국가가 맞는가? 민주 국가란 무엇인가? 주권은 무엇인가? 주권이 국민인 여러분에게 있다면 여러분의 불편을 해결하기 위해서 대통령, 국회의원을 비롯한 공직자들이 얼마나 노력하고 있다고 생각하는가? 국민의 의사가 정치에 얼마나 반영되고 있다고 생각하는가? 어떤 것이 현 시국에서 가장 큰 문제라고 생각하는가? 정치는 누가 해야 하는가? 이러한 가장 기본적인 질문을 통해서 우리 자신과 주변을 돌아볼 수 있길 바란다. 그 많은 사람이 민주주의를 이루기 위해 희생당했지만 현재 우리의 자유는 조금 덜 억제되고, 간첩을 덜 만들어낼 수준이고 더 나아진 것은 없다고 본다.

　왜 나아진 것이 없다고 생각하는가? 우리 국민이 직접 정치를 해야 국민의 타당한 권리, 주권을 되찾을 수 있기 때문이다. 무엇보다 우리 젊은이들이 정치에 적극성을 보이지 않는 것이 문제이다. 그렇다면 정치에 적극성을 띤다는 것은 무엇인가? 첫째는 지금의 정치현실을 꿰뚫어보며 결국 잘못된 정치로 국민 본인이 피해를 당할 수도, 또 개선된 법과 제도 등의 정치실행을 통해 이익, 혜택을 볼 수 있는 당사자임을 알아야 한다.

그 정치의 주인공이자 그 혜택과 피해의 당사자가 될 수 있는 나, 내가 살기 좋은 조건을 만들기 위해서 어떤 노력을 했는가? 쉽게 얻어지는 성과는 없다. 결국 노력한 자만이 잘못된 정치현실을 비판할 수 있다. 저절로 얻어지거나 찾아지는 것은 없다. 정치에 관심을 가지고 정의로운 판단을 하려고 노력했는가? 주체적인 정치참여 활동을 통해 정치에 어떤 영향을 끼치려고 노력했는가? 이것이 관건이다.

무관심하다는 것은 얼이 빠졌다는 것이다. 좀더 국민을 위한다는 정당에 가입해본 적은 있는가? 그당이 그당이지, 50보 100보야, 하며 그냥 흘려넘길 일이 아니다. 거기서 거기, 별반 차이도 없고 희망도 없다면 새로운 변화를 꿈꾸는 신당을 모색해볼 만하다. 무엇보다 젊은이들에게 알리고 싶은 말은 '여러 명이 합심하여 각각 당비를 내면 거기에서도 발언권과 영향력이 생긴다' 는 점이다. 이러한 현실적 발언권의 위력으로 그 지역 국회의원이나 지방의원이 바른 길을 가게 선도할 수 있다. 그 여러 명의 당원을 절대로 무시할 수 없기에 강력하게 문제점을 지적하며 개선점을 요구할 수도 있고 항의할 수 있다. 이러한 현실정치의 참여가 활성화되지 않으니까 나랏일도 제대로 안 하고 검은돈에 눈이 어둡게 되기도 한다.

다음 단계에서 이제 여러 당원을 모집하는 것에 출발했다면, 당비를 내는 권리당원을 1000명을 모아보는 것에 목표를 두어보는 것이다. 1000명의 당원을 모을 수 있으면 당신이 소속한 그 지역에서 출마한다면 당선 가능성이 있다. 2000명 이상이면 확실히 당선될 수 있다. 무엇보다 당비를 내는 당원은 적극성이 있어서 다른 사람들을 끌어모으는 데 적극적이기 때문이다. 당선되면 지역주민을 위해 봉사할 수 있고 500만 원 봉급을 받는 공무원이 될 수 있다. 단번에 취직이 될 수 있다.

그러나 중요한 것은 정의로운 정치철학이 밑바탕이 되어야 할 것이다. 무엇보다 지금의 정치현실에서 무엇이 중요하고 내가 속한 지역주민에게 가장 절실한 문제는 무엇이며 봉사할 마음의 자세가 무엇이고 지역주민으로서 봉사할 마음의 자세가 되어 있어야 할 것이다. 그런 정치적 소신이 나름 정립된 젊은이라면 한번 쉬운 것부터 시도해보길 바란다. 자신감이 일단 생겼다면 일단 뜻을 같이하는 여러 친구들과 모여서 각 지역의 참신한 일군들과 함께 각 지역에 시도당을 만들어서 전국 정당을 만들어보는 것이다.

시작은 미약했으나 이렇게 전국 정당을 조성하면 전국적으로 당의 영향력을 발휘할 수 있게 된다. 그리고 이때 가장 중요한 것은 국민을 위해 열심인 정당과 연합으로 활동하는 공략을 편다. 그 영향력이 2배 이상으로 강화될 것이며 당선 가능성도 더욱 높아질 것이다. 이렇게 선한 정의로운 집단이 하나씩 둘씩 더 뭉쳐져 다당제의 근원이 될 수 있다.

우리나라가 살 수 있는 길은 '다당제'이다. 지금처럼 거대 여야 양당체제는 극단 대립과 야합 가능성이 커서 자칫, 주인인 국민을 무시하고 당의 잇속 챙기는 판도로 흐르기 십상이다. 낮에는 야당, 밤에는 여당이란 말을 들어본 적이 있는가? 지금이 바로 그때이다.

다음 단계로는 가장 국민을 위하는 후보는 누구인가, 인물을 정해서 다당이 연합하여 함께 당선되도록 밀어주면 정치판에서 적극 국민을 위해 일할 수 있고 여러분의 영향력을 행사할 수 있게 될 것이다. 그렇게 올바른 새정치의 바람을 타고 행동하는 지역이 많아질수록 우리나라가 좀더 국민을 위한 행동하는 국회의원과 지역의원이 많아지고 바른 정치가 이행될 것이다.

이 책의 독자인 여러분이 올바른 정치를 하는 주역이 될 수 있다. 정치에 입문하고자 한다면 매일 밤을 지새우면서 공부하는 힘의 절반만 투자해도 이런 좋은 길이 열리리라 확신한다.

일단은 젊은이로서 지금 현실에서 절실한 청년문제가 무엇인가 그 문제들을 모아 분석하고 그 해법을 찾아보고 고심해보는 것이다. 두리뭉실하게 하지 말고 치밀하게 분석하고 문제해결을 위한 실행대책을 구체적으로 연구해보자. 또 지역의 당원이 되신 분들과 모여 함께 소통하고 힘을 합쳐 어떻게 일이 추진되고 있는지 그 진행과정을 알려 주어 기대심리를 충족시키면서 뜻을 모으면 더 큰 시너지효과를 창출하며 일의 성과를 올릴 수 있게 될 것이다. 늘 함께 모여서 논의하면 우리도 덴마크, 스웨덴, 노르웨이처럼 좋은 정치인이 많아지고 아름답고 살기 좋은 나라가 될 것이다.

한국생명존중희망재단 발표에 의하면 2019년 전체 사망자는 1만 3018명이고 20·30대 자살사망자 수는 3220명으로 전체 자살사망자 수의 23%나 차지하는 것으로 나왔다. 코로나19가 장기화되면서 우울감이나 불안감 등의 정신적 어려움을 호소하는 젊은이들이 부쩍 늘고 있다.

안타까운 현실이다. 젊은이들의 미래가 밝고 건강해야 나라의 앞날도 튼실하게 발전할 수 있는데… 당당하게 지금의 현실을 떨쳐 일어나길 바라는 마음 간절하다. 분연히 '일어나라' 외치고 싶은 심정으로 이렇게 쓴다.

청년이여 일어나라! 우리 열정적인 청년만이 할 수 있다. 우리가 수 백년을 살 수 없으니 오늘 하루 행복하면 행복한 인생이 될 것이다. 기왕 사는 삶이라면 수많은 사람을 위해 일하는 존재, 자신의 가치를 높이며 삶을 마음껏 누리길 바란다. 이것이 성공하는 인생이다.

불꽃처럼 열정적으로 살다가는 아름다운 인생이 되어 보자. 안중근 의사는 포탄 투척으로 일제의 간담을 서늘하게 했을 뿐 아니라 일찍이 33세에 동북아 평화공존에 대해서 논할 만큼 해박하고 통이 큰 우리의 청년이었음을 알렸다.

과거 굽이굽이 탄압받던 독재의 암울한 역사 속에서도 젊은 나이에 당당히 자립하여 살 뿐 아니라 나라를 위해 헌신하며 사는 이들이 많았음은 민족의 자랑이다. 지금까지의 민주화 과정에서도 누구보다도 독재에 맞서 대항한 청년들의 희생이 그 힘을 발휘했다. 정의로운 젊은이들의 희생이 있었기에 여기까지 온 것이다.

그러나 지금은 쉽다. 이제 방관만 하지 말고 정치에 참여하여 직접 바꾸자는 것이다. 잘못된 관행, 제도를 바꿔나가자는 의식을 지닌 당사자가 직접 정치에 참여하여야 세상이 바뀔 수 있다. 사회에 대한 불평불만으로 삶을 포기하는 그런 나약함을 떨쳐버리고 이땅의 청년들이여 분연히 일어나라. 하나씩 사회의 잘못된 관행을 바꿔나가는데 누가 나서야 되겠는가?

젊은이들이여! 더 지체할 시간이 있는가? 정치인들은 침몰하는 배에서 가만히 있으라고 한다. 기회를 놓치지 말자.

빼앗긴 주권과 정치를 되찾기 위해 청년이여 분연히 깨어나 일어나라.

청년들과 양심의 소리를 듣는 모든 분들이 앞장서서 새로운 정당을 만들어 저 가짜 정치인들에게 빼앗긴 정치와 희망(일자리와 꿈)을 되찾자!

하나의 방법을 제안한다. 나와 우리가 직접 당을 만들고 출마하여 빼앗긴 모든 것을 되찾자.

승리는 순식간이다. 온 백성이 떨치고 일어나 독립군이 되어 거짓 사회에 맞서자.

대선과 지선 승리로 모두 얼싸안고 축하하는 만세를 불러보자!

이제 더이상 온 백성이 신음하는 처참한 환경을 보고 가만히 있을 수 없으니 우리 모두 목숨을 걸고 깃발을 들자.

한 번 사는 것 무엇이 두려우랴!

우리를 지지하는 세력이 1명, 2명, 5명, 50명, 만 명, 100만 명으로 늘어날 것이다.

진정한 독립으로 우리의 인권을 되찾고 중립화 통일로 나아가 전 세계를 돕는 아름다운 나라를 만들어보자!

우리의 무기는 불타는 사랑과 열정이다.

• 여성의 한숨을 기쁨과 따뜻함으로 바꾸어 보자
　- 근로기준법 제6조(균등한 처우)에 대한 숙고

　오늘날 여성은 거룩한 일을 하며 힘들어하는 우리 사회문제의 당사자이다. 여성의 문제도 당사자가 가장 잘 알고 있다. 크게 범주를 나누어 보면 마음의 평화다. 육신이 약하니 몸이 편하도록 해주어야 한다. 여성이 편해야 가정이 편하고 나라가 편해진다. 여성은 남성보다 세심하며 사랑이 풍부한 것이 남성과 다른 점이라 할 수 있다. 여성은 세상을 행복하게 해주는 윤활유이며 삭막한 인생을 여유롭게 만들고 차가운 세상을 따뜻하게 해주는 삶의 온기다. 가정은 모든 문제를 해결하고 모든 상처와 아픔을 치유하는 센터이다. 그 가정의 주인이고 알 수 없는 힘을 가진 사람이다.

　여성에게 가장 필요한 것은 마음의 평화를 주는 따뜻한 말 한마디다. 육체적으로 약함을 인정하고 함께 하는 것이다. 여보 사랑해, 당신 덕에 나는 행복해, 당신 덕에 나의 오늘이 있는 것이다. 내 인생에 가장 큰 행운은 당신을 만난 것이다. 내 인생의 최고의 월척은 당신이다. 당신은 우리 집의 왕비, 왕비를 다른 무엇으로 비교할 수 있을까? 당신이 있기에 나는 늘 힘이 샘솟고 살맛이 난다. 당신은 내 인생의 양념과 같아. 당신을 안 만났다면 무슨 의미로 살 수 있을까? 당신은 두고두고 아름다운 향을 품어내는 향수병과 같아. 당신 오늘 수고 많이 했어 하면서 꼭 안아주면 어떨까? 당신이 만든 음식이 가장 맛있어. 당신과 내가 함께 만든 음식은 더 맛이 있겠지?

여성은 10개월간의 임신기간을 거쳐 거룩한 생명을 탄생시키는 참으로 고귀한 사람이다. 그 뒤에 온 가족에게 끝없이 사랑을 공급하는 사랑의 샘이다. 그런 귀한 일을 하느라고 몸이 연약하다. 그 연약한 몸이 피곤하지 않게 여러 가지 환경을 만드는 것이 여성의 인권신장이고 보호법이다.

여성을 보호하는 법들은 크게 '모성을 보호하는 법'과 '차별을 금지하는 법'으로 나눠볼 수 있는데, 주로 근로기준법과 남녀고용평등법(남녀고용평등 및 일·가정 양립지원에 관한 법률)에 그 내용이 있다.

여성은 생리적으로 남성과 달리 임신과 출산을 할 수 있는 '능력'이 있지만 이것은 직장생활을 하는 데 있어서 '장애'가 될 수 있다. 여성 근로자 스스로도 신체적으로 불편하고 조심해야 하기 때문에 왕성한 사회활동을 하는 데 제약을 받는다. 사용자 역시 업무가 단절되거나 힘든 업무를 시킬 수 없어 여성근로자의 임신이나 출산이 달갑지 않을 수 있다. 함께 근무하는 동료직원들도 동료의 임신이나 출산으로 추가적인 일을 떠안게 되면 부담스럽기 마련이다.

여성이 출산하지 않으면 우리의 미래는 아무 것도 없어진다. 그래서 거룩한 일이다.

임신과 출산의 연장선상에서 육아부담 역시 여성이 지는 경우가 많다. 육아를 위해서는 아이와 함께할 '시간'이 필요한데 하루 대부분의 시간을 할애해야 하는 직장생활과 육아를 병행하기란 현실적으로 매우 어렵다. 이런 이유 때문에 여성근로자가 활발하게 사회활동을 하다가도 임신과 출산, 육아문제로 경력이 단절되는 현상이 많다. 경쟁이 치열한 직장생활의 특성상 한번 경력이 단절되면 다시 직장에 복귀해서 적응하거나 재취업하기가 굉장히 어려워진다.

대한민국 헌법 제11조는 "모든 국민은 법 앞에 평등하다. 누구든지 성별·종교 또는 사회적 신분에 의하여 정치적·경제적·사회적·문화적 생활의 모든 영역에 있어서 차별을 받지 아니한다"라며 국민의 평등권을 명시하고 있다. 성차별의 문제는 이렇게 기본권의 문제로 다뤄진다. 이런 헌법의 이념을 각 개별법에서 구체적으로 실현하고 있는데, '근로관계'에서의 성차별에 대해서는 근로기준법과 남녀고용평등법 등에서 정하고 있다.

먼저 근로기준법 제6조(균등한 처우)에서는 남녀 균등대우의 원칙을 정하고 있다. 다음은 집안일과 아내와 어머니 역할을 하는 여성들이 왜 남성과 균등한 대우를 받아야 하는가, 그 문제점을 짚어보기 위한 사례를 담아 보았다.

나는 가정과 이웃을 위해 헌신적인 사랑을 쏟는 옛날의 두 여인을 보고 여성은 귀하며 보호받아야 하고 남성과 동등한 처우를 받아야 된다는 것을 절실하게 느끼고 개선하려고 시도하고 있다.

나는 몸이 부숴지도록 많은 일을 하는 종손며느리인 어머님을 많이 보고 도우며 어린 시절을 보냈다. 1년 365일을 4~5시간 잠을 자며 잠자는 시간을 제외하곤 일을 해야만 하는 어머니를 안타깝게 생각하며 살았다. 다른 가족들은 잠을 자도 밤에도 일을 하는 어머님이 불평등하다고 생각했다. 종일 가족의 생존을 위해 아침식사부터 점심은 손님대접이며 저녁이면 술을 좋아하시는 시아버님의 저녁 시중까지 들어야 하는 어머님의 고달픔을 어찌 헤아리랴. 그것도 난청이신 시아버지의 귀까지 되어 하나하나 뉴스를 전하신다.

며칠씩 쉬고 가시는 손님이 사계절 자주 오신다. 우리는 아무것도 모르고 그저 더 계시다가 가시라고 한다. 저녁에는 삯바느질로 동네사람의 옷을 만드는 것이다. 발로 돌리는 틀이 없어서 쭈그려 앉아서 손으로 틀을 돌리신다. 앞에는 배고파하는 동생들에게 젖을 물리며 바느질을 하시는 어머니의 틀 돌리는 일을 돕는 것이 즐거움이다. 옷을 하나 만들어주면 하루씩 일을 해주는 것이다. 농사철에는 30명 이상의 식사를 제공한다.

제사가 많아서 밤 12시 이후까지 제사를 지내야 한다. 모두 여성의 몫이다. 우리 어머니를 보고 여성의 어려움을 많이 생각해왔다. 임신 때에는 부른 배를 아랑곳하지 않고 분만할 시간까지 일하신다. 최근에는 치매가 있으신 아버님께서 눈물을 흘리면서 내가 당신을 너무 고생시켰다고 하신다. 그도 그럴 것이 아버님은 우리가 모를 심어도 동네 사람들의 문제가 있으면 광주지방법원 순천 지원에 가서 종일 일을 보신다.

　이 광경을 보면서 나의 신혼생활부터 생각하면서 우리가 안정된 후에도 마지막까지 일만 하다가 간 아내를 생각하며 가슴을 친다. 전공의 시절 어려운 가정 경제를 책임지고 종손 며느리 역할 하느라 피아노 레슨을 하고 집에 와서 집안 살림하고 온 얼굴에 기미가 가득한 얼굴이었다. 신혼 초의 저녁에 낙성대에 바람을 쐬러 갔을 때 나의 손수건을 깔고 아내를 앉힌 간단한 것에 기뻐하던 아내가 아니던가.

　우리 경제가 어려워도 우리 지역의 학생들에게 장학금을 주자고 했을 때 선뜻 응하였다. 우리 어머님의 삶을 그대로 행하던 아내, 어려운 사람이 눈 속에 분실한 결혼자금 전체를 찾아준 아내, 시장에서 노점상이 팔리지 않으면 필요 없는 나물과 채소를 사 오던 아내에게서 많은 것을 배우고 느꼈다. 우리를 괴롭히던 사람이 아파도 소꼬리를 사다가 고아 먹으라고 하던 아내에게 어떻게 사례할까? 집안일이 끝나면 병원에 와서 일하고 내가 해외 봉사 가면 병원 지키고 있는 아내. 안정된 이후에도 평범한 부부들이 누리는 여행도 제대로 못하고 살만하니까 하나님의 부르심을 받았으니 어찌하랴.

　우리 어머님과 아내를 보면서 여성과 약자들의 어려움을 보고 어떻게 해결할 방법을 생각해왔다. 처음에는 자세히 모르고 일하는 시간과 양에 대해서 불평등하다고만 생각해왔다. 어머님은 다른 사람보다 많은 가사 노동으로 자녀들을 돌볼 시간이 없었다. 육아는 우리 누나와 나의 몫이었다.

현대에서는 직장생활을 하면서 어머니와 아내의 역할을 하는 여성들을 보면서 내가 힘이 있다면 잘 지켜 줘야겠다는 결심을 했다.

여성은 임신할 때 10개월 동안 힘든 생활을 했고 분만의 고통과 심한 체력 소모와 거룩한 회복의 과정을 거치면서 최소한 3년의 육아 휴직과 봉급은 국가에서 100%, 대기업은 기업에서 100% 지급하여야 할 것이다. 출산 장려금은 별도로 지급해야 할 것이다. 남성이 육아를 할 때도 3년은 같은 봉급을 지급해야 할 것이다. 육아휴직 때도 경력으로 보장받아야 한다. 승진은 부장 이상으로 40% 이상을 승진시켜야 될 것이다.

어린이 인구가 급감하면서 서울에서마저 학교가 점점 없어지는 추세이다. 이 학교들만 활용해도 엄청난 수의 어린이집을 만들 수 있다. 정부는 새로 학교를 지을 생각을 하지 말고 기존의 있는 건물을 활용하면 수많은 어린이들을 수용할 수 있다. 교육비는 물론 대학까지 무상이다.

가정마다 상황이 다르겠지만 우리의 사랑하는 딸과 아내와 자매들이 얼마나 힘이 드는지 관찰해야 하겠다. 어떤 문제를 해결해야 이들의 마음과 육체를 편하게 해주고 기쁘게 해줄 것인가? 남성보다 육체적으로 약한 여성들의 문제를 해결해야 하는 것이다. 이것이 여성보호와 인권신장의 기본이다. 우리 모두 머리를 맞대고 여성들을 행복하게 해보자.

● 장애인이여, 우리 모두 손을 맞잡고 나아가자

　장애인복지법, 장애인차별금지법 등이 있다. 장애인의 90%가 후천적 장애인이다. 누가 언제 장애인이 될지 알 수 없다. 그래서 장애인이 나와 내 가족임을 명심하면 우리가 함부로 하거나 소홀히 할 수 없을 것이다. 많이 개선되었지만 좀더 법적으로 보호받도록 제도를 보완하고 현재 있는 법이 잘 시행될 수 있도록 시행령을 잘 갖추어야 할 것이다.

　장애인 의무 고용을 예를 들면 위반했을 때 고용하는 것이 범칙금을 내는 것보다 훨씬 이익이 되도록 범칙금을 많이 부담하게 해야 할 것이다.

　사단법인 희망교육은 장애인과 비장애인이란 말을 처음 만들어낸 단체이다. 이 말에는 여러 가지 의미가 포함되어 있다. 정상인인 나를 생각하기 전에 장애인을 먼저 생각하자는 의미이다.

　장애인이 평등해야 한다. 장애인의 일상생활이 정상인과 같이 불편이 없도록 하는 것이 평등이다. 길을 갈 때 도로가 편해야 된다. 도로가 평평하고 신호를 구분할 수 있어야 된다. 엘리베이터나 계단을 오를 때 불편함이 없어야 한다. 일상생활이나 교육을 받을 때 의사소통이 잘되어야 한다. 다른 선진국에서는 편견이 없이 고용 등에 차별을 두지 않고 시설과 사회구조가 편리하게 되어 있다. 우리나라도 국민소득을 자랑하는 만큼 장애인들이 살기가 편한 사회가 되어야 할 것이다. 그렇다면 장애인이 살기 편환 사회가 되기 위해선 어떤 구체적 일들을 실천해야 할 것인가. 다음 세 가지로 집약해서 실천해보았던 사례를 싣는다.

첫째, 장애학생과 비장애학생의 통합 야외학습을 실시해보았다.

여러해 전에 고용노동부에 공모하여 사회적기업으로 장애학생과 비장애학생의 통합 야외학습을 실시해본 적 있다. 매우 쉽지 않은 일이며 이 일에 돈 수억이 들었다. 당시 사업을 시작하자마자 사스가 유행해서 수입 제로에 20여 명의 봉급을 계속 주게 되어 사업을 중단할 수도 없게 되었다. 또 직원간사 한 명이 규정을 잘 몰라서 인턴을 먼저 뽑아 이것도 제 호주머니에서 100% 봉급을 주어야 되는 상황이다. 참으로 책임을 지는 사람이 없어서 곤란을 겪었다. 개인적으로 월급을 주는 것이어서 매달 무척 힘이 들었다. 6개월 후에는 다시 연기하여 인원을 감원한 상태로 다시 신청을 하여 소액의 수입으로 적자를 내면서 실시해 보았다. 또 간사가 많은 월급을 받다가 퇴사한 것으로 서류를 변조하여 실업급여를 받아서 벌금까지 물어내는 안타까운 일이 생겼다. 관리자도 책임을 지지 않고 이

사장 개인이 모두 변상하였다.

두 번째, 수화학교를 열었다.

장애인들이 어디서나 정상인처럼 생활할 수 있게 수화학교를 열어 대화가 잘 통할 수 있도록 수화를 가르쳤다. 수화를 할 수 있는 사람이 많아서 어디 가든지 소통에 문제가 없게 하려 했던 것이다. 강사는 김복순 농인 선생님이 자원봉사를 해주셨다. 무엇 하나 쉬운 일이 없었다. 성림교회에서 매주 교육을 시켰으나 수화 통역사가 봉급이 많지 않고 교육하는 곳이 많아서 성공적이지 못했다. 김 선생님의 부군이며 농아인이신 임규현 목사님은 수화영상 교재와 수화영상 성경을 만들어서 농아인들의 자유로운 소통을 하고 성경을 쉽게 접근할 수 있게 만드신 위대한 분이다. 이 일을 위해 장애인 부모와 자폐아인 동생을 살피며 수고한 작은 성자 임지선이 큰 역할을 했다.

세 번째, 자폐아 통합교육을 위한 보조교사 예산을 확보했다.

자폐아를 치료하는 프로그램이다. 통합교육을 위한 일대일 보조교사 배치를 위한 국가예산을 책정하기 위해 인천에서 국민일보 정창교 기자가 인천시와 함께 실시한 모델을 배워서 계획을 세우고 세종문화회관에서 국회의원을 초청해서 공청회를 열어 국가의 자폐아 통합교육을 위한 교사확보 교육예산에 210억 원의 막대한 예산을 확보했다. 안타깝게도 국회의원들이 무지하여 주인 없는 예산이라고 0으로 만들었다. 할 수 없이 고 김영술 대표(당시 여당 사무부총장)가 노력해 노무현 대통령 시절 청와대 예산으로 국가 60억 지자체 120억을 확보했다. 뜻하지 않는 일이 일어났다. 장애인을 위한 일이니까 협조해주거나 장애인 보호자들이 적극 나서야 마땅할 것이다.

정반대의 일이 일어난 것이다. 장애인 단체끼리 공과 싸움과 서로 가져가려는 다툼이 일어났다. 자폐아 먼저 1년간 집행하고 그 다음에 다른 장애인으로 확대했다면 장애인을 위한 많은 예산을 편성하게 되었을 것이다. 물바가지 서로 차지하려다 쏟아 버리듯 장애인활동 보조인 예산으로 바뀌어 목적을 이루지 못하였다.

이런 상황을 보고 김 대표와 나는 일찍 포기하고 손을 떼었다. 장애인 단체들이 양보하고 지혜롭게 했으면 좋았을 것이다. 자신들이 하였다고 공과를 나타내기 위해 급기야 사)희망교육까지 해하려 하여 우리는 그 사업에서 손을 떼었다.

앞서 세 가지 사례를 통해 관찰하면 결국 장애학생과 비장애학생과의 간격을 좁히고자 실시한 야외학습, 수화학교, 자폐아 통합교육을 위한 보조교사 예산 등의 비용확보 등은 적자에 허덕이며 성공하지 못했다. 그 노력에 비해 적은 실적으로 성과는 참담했다. 그러나 따지고 보면 정직하게 봉사하는 국회의원 한 명이 1달 정도 예산 편성을 하면 이런 힘겨운 일의 비용도 적게 들일 수 있는 방법이 있으리라 생각되었다. 그래서 정치가 참으로 중요하다.

- 노조역할이 필요없이 복지가 잘 되고 기업인과 부자가 존경 받는 세상
  - 기업이 투명경영하면 정치자금 낼 필요없고 경영권 방어에 국가가 책임, 감옥갈 일 없다

　헌법 제34조 제1항 '모든 국민은 인간다운 생활을 할 권리를 가진다' 제2항 '국가는 사회보장, 사회복지 증진에 노력할 의무를 가진다' 이다. 기업을 지키고 일으킨 노동자는 보호되어야만 한다. 이제는 과거처럼 노사가 다투는 일은 없어야 한다. 규정을 만들고 그대로 시행하면 모두 해결이다.

　노동자와 경영자에 대한 개념 자체가 바뀌어야 한다. 둘은 동전의 앞, 뒷면으로 생각하자.

　당신은 기업을 왜 하는가? 기업을 잘 경영하여 기업인이 존경받는 사회가 되어야 된다. 사업해서 남 주나? 그렇다. 남 주는 일이 되어야 한다. 기업의 목적이 기업을 잘 경영하여 일자리를 많이 만들어서 그곳에서 일하는 수많은 직원의 가족이 보장된 생활을 할 수 있게 만드는 것이다. 그리고 더 많이 모여지면 그 돈을 사회를 위하여 헌납하여 사회적으로 어려운 이웃을 돌보는 데 쓰기 위한 것이

다. 과거와 사업을 하는 목적이 완전히 달라졌기 때문이다.

왜 사업 목적이 달라졌을까? 재미있는 유머가 있다. 얼마 전 이건희 회장이 세상을 떠나서 저승에 갔다. 거기에서 정주영 회장을 만났다. 정주영 회장이 "이건희 회장, 내가 급히 오느라고 노잣돈을 못 가져 왔는데 천 원만 빌려주게." 이건희 회장이 하는 말 "정 회장님, 저도 한 푼도 못 가져 왔습니다." 이제 세상을 떠날 때 돈 한 푼, 집 한 채 가져가지 못한다는 사실을 배웠기 때문이란다. 기업을 한다는 것이 얼마나 좋은 일인가? 존경받을 만한 일이 아닌가? 과거처럼 국가의 재산을 도둑질한다든지 편법을 써서 감옥에 드나들 필요가 없는 것이다.

과거에는 기업하는 목적이 편법을 써서라도 조금이라도 더 부유해지길 바라는 것이었고 경영권을 지키기 위해서 부정을 저지르는 것이었다. 또 '차떼기' 정당이란 말이 있듯이 구정치인들이 압력을 가해 돈을 빼앗고 그 대가로 특혜를 주었기 때문이다. 현재 거대 여야당은 사실이 아니길 바란다. 기초의원 공천도 억대의 공천헌금을 받는 것이 나만 모르고 모두 다 아는 비밀이라고 한다. 깨끗한 당이 공천헌금 안 받고 선거비용을 안 쓰고 선거하면 정치인이 기업인에게 손을 벌릴 필요가 없고 정경유착이란 말이 없어질 것이다. 기업인이 감옥에 갈 일이 없어진다. 기업인이 상속으로 인한 상속세 문제로 경영권을 지킬 수 없어 외국으로 경영권이 넘어갈 우려가 있을 때는 '기업보호금' 제도를 두어 국가에서 주식을 사서 경영권을 보호해주는 방법을 쓰면 될 것이다.

이제 기업인이 존경받게 될 시대가 왔다. 그 어떤 사람도 이 세상을 떠날 때에 돈 한 푼, 집 한 채 가져갈 수 없음을 알았기 때문이다. 이제 대기업은 국민에게 빚을 갚을 차례가 왔다. 미국의 재벌 빌 게이츠는 자신의 사업보다 사회사업에 더욱 열심을 내고 있다. 워런 버핏은 그런 빌 게이츠를 보고 거기에 재산의 85%를 기증하기로 하였다. 록펠러의 동업자였던 세브란스는 우리나라에 대한 선교 보고를 한 선교사의 말을 듣고 우리나라의 전 국민이 치료받을 수 있도록 세브란스 병원을 짓고 자신의 주치의 까지 보내왔다. 여러 나라에 학교를 짓고 사회사업에 쓰도록 하고 집 한 채도 남김없이 세상을 떠났다. 카네기도 전재산을 기증하고 떠났다. 이 얼마나 아름답고 존경받을 일인가?

이제 대기업의 기업주가 완전히 달라졌다. 정치자금을 줄 필요가 없어졌고 기업은 국가에서 경영권을 지켜주니 안심할 수 있기 때문이다.

이제는 기업은 그 동안에 진 빚을 갚고 노동자를 보호해야 할 이유가 있다. 인간이나 생명체에서 가장 중요한 것은 생명보호다. 이들은 사회적으로 취약 계층이고 사망 사고를 가장 많이 당한다. 통계로 보면 노동자의 산재 사망사고는 2020년 882명, 2021년 828명, 업종별로 보면 건설업 458명→417명, 제조업 201→184명, 기타업종 223→227명으로 많은 수의 사망사고가 일어났다.

이들은 보상을 제대로 받지 못하는 경우가 많다. 매일 매일 벌어서 먹고 사는데 갑자기 가장이 사고를 당하면 4인 가족 생계가 어렵고 대책이 없다. 무슨 일이든지 예방이 제일 중요하다. 예방은 먼저 생명을 보존할 수 있다. 산재가 급격히 감소함으로 인해 산재에 쓰일 재원을 직원 복지에 쓸 수 있게 된다.

 예방하는 방법은 하청 내지는 하도급을 없애야 한다. 하청이 없으면 공사비 착취가 없어지고 부실공사를 막을 수 있다. 공사에 하자가 생길 때 책임 소재가 분명하여 어렵게 집을 마련한 서민들이 보호받을 수 있고 분쟁이 사라질 수 있다. 대기업에서 모두 정규직으로 채용하는 것이다. 그러면 관리 감독이 철저해지고 정규직으로 보호받을 많은 보호장치가 생기게 된다.

 이제 대기업은 모든 국민에게 진 빚을 갚을 수 있게 되었다. 그동안에는 정치자금을 비롯하여 대기업의 수입에서 떼어먹는 사람들이 많았다. 기업을 지키기가 항상 불안하였다. 이제는 정치자금이 필요없고 기업의 경영권을 보장하니 안심하고 오직 진 빚만 갚으면 된다.

 기업이 얼마나 불안했던가에 대해서는 다수의 국민이 알고 있다. 유한양행의 경영에서 보면 자유당과 박정희 정권에서 노골적으로 정치자금을 요구했고 거부하자 세무조사 등 갖가지 압박을 가했으나 깨끗한 회계와 직원 복지로 버텼다. 정부에서 이기지 못하고 오히려 상을 주는 상황에 이르게 되었다.

 기업이 국민에게 빚을 진 것은 무엇인가?

 우리의 어렸을 적에 전 국민이 통장 만들기를 했다. 그 기금을 장기저리 거의 무이자로 융자하여 기업에 투자하였다. 대한석유공사, 석탄공사 등 공기업을 거저 가져갈 수 있다고 하였다. 노동자들이

저임금으로 몸 바쳐서 열심히 일하여 회사가 성장할 수 있었다. 잔업수당을 받아가며 제품을 생산해 내었고 수없는 산재를 당하면서 당시에는 아무 보상도 없었다. 국가에서 막대한 연구발전기금(R&D자금)을 지원받았다. 기업이 부지를 선정할 때 토지를 막대한 자금력을 동원해 저렴하게 강제 수용하듯 취할 수 있었다. 그러고 나자 땅값이 만 배까지도 올랐다. 도로등 기반시설을 정부에서 해주었다. 중소기업이 어렵게 키워온 회사를 납품을 받으면서 무리하게 성장시키는 바람에 부채 감당이 어려우면 헐값에 쉽게 사들이는 방법으로 그룹을 키워갔다. 중소기업의 특허를 사겠다고 자료제출을 하게 하여 장시간 검토하면서 약간 변형된 특허를 내어 전 재산을 바쳐 만든 특허가 무용지물이 되게 하기도 한다.

내 고등학교 동창이 서울대학에 지문 인식 연구용역을 맡겨서 몇 년간 이루지 못했다고 하여 아주대학의 김영길 교수에게 연결시켜 빠른 시간 내 개발을 완성하고 판매하는 과정에서 있었던 일이다. 그 친구는 자금이 고갈되어 빚을 갚지 못해서 경제 사범으로 감옥 생활을 했다는 후문이다.

어디 이런 사람이 한, 둘이겠는가? 국산품 애용이라는 명분으로 내수를 증대시켜 기업이 성장되었다. 국민들이 소비자로서 간접세인 부가가치세를 납부한 것이다.

업무자동화로 로봇 한 대가 180명의 일을 하게 함으로써 180명씩 해고된 것이다. 유럽국가 중에는 로봇 도입을 못 하게 하거나 로봇 설치만큼 세금을 내게 하는 방법을 도입한 것이다. 장차 우리가 제재 없이 자동화를 하면 로봇이 우리의 모든 일을 대신하고 우리는 기본소득을 받아서 생활하고 생산품을 사서 쓰는 시대가 곧 올 것이다. 즉 기본소득이 자연스럽게 도입될 수밖에 없을 것이다. 기업, 노동자와 소비자가 만들고 키운 회사이니 공동소유라고 할 수 있기 때문에 자연스러운 일이다.

　이제는 기업인 노동자 투자자와 소비자 모두가 존귀하게 여김을 받는 시대가 온 것이다. 기업인은 많은 일자리를 만들고 좋은 제품을 공급하며 직원들의 복지를 책임지며 기본소득을 제공하도록 많은 세금을 내는 존경받는 사람이 된 것이다. 세상을 떠날 때 가져갈 수 없는 것으로 마음껏 좋은 일을 할 수 있게 되었다. 정치자금을 낼 필요가 없고 경영권 방어에 국가가 책임을 지게 되니 불의한 일로 감옥에 갈 필요가 없어졌다. 어렵게 개발한 중소기업의 제품을 사서 외국기업의 협박에 두려움 없이 대기업과 중소기업이 상생하는 아름다운 세상이 오고 있다.

● 깨끗한 기업과 부의 양극화 해결

　헌법 제119조 제2항 '국가는 균형 있는 국민경제의 성장 및 발전 안정과 적정한 소득의 분배를 유지하고 시장의 지배와 경제력의 남용을 방지하며 경제주체 간의 조화를 통한 경제의 민주화를 위하여 경제에 관한 규제와 조정을 할 수 있다.'

　정직은 최선의 정책이다. 기업도 깨끗한 경영과 직원들의 복지와 사회에 대한 복지 전 직원의 주식 분배로 모두가 주인이 되는 것이다. 그동안 우리의 기업은 회장부터 말단 직원까지 월급 외의 것에 관심을 가졌다. 월급외의 것은 계약된 대로 내 것이 아니다. 달리 말하면 부수입을 올리는 데 혈안이 되어 있었다. 그 결과 회사가 적자인데도 보너스를 받는 회괴한 일이 벌어지고 있는 것이다. 이렇게 하고도 나라가 망하지 않는 것이 이상하다. 이상하게 나라가 망하지 않는 것이 바로 서민에게 가야 할 것을 은행이나 여러 곳에서 가로채기 때문이다.

정당하게 부를 쌓은 사람에게는 문제가 없다. 그러나 뇌물과 정부의 정보를 빼내거나 부동산 투자로 부당하게 축재한 사람들 때문에 부의 양극화가 이루어졌다. 그래서 부자는 일을 안 해도 재산이 늘어나고 세계은행 치하나 코로나 정국같이 국가적으로 어려움을 당하면 더욱 부유해진다.

서민들은 열심히 돈을 벌어도 자꾸 가난해져서 빈민으로 전락하는 상황이 되었다. 가난해지는 것도 가슴 아픈데 상대적인 박탈감까지 겹쳐서 감당하기가 어렵다.

이 결과 1997년 말 국가부도로 세계은행의 지배하에 들어가게 되었고 기업은 1000~1500% 빚을 져서 많은 좋은 기업이 외국에 헐값으로 팔리게 되고 수많은 직장인들이 명예퇴직 또는 해고되는 아픔을 겪었다. 정규직이 임시직으로 많이 바뀌게 되었다. 이때 온 국민이 금모으기와 우리의 세금으로 기업의 부채를 갚아 주었다. 그러나 얼마 지나지 않아 공기업을 시작으로 부채가 쌓이기 시작하였다. 참고로 이때에 부자들은 금괴가 많아도 내어놓지 않았으나 우리같이 순진한 서민들은 돌반지까지 내어놓아 금이 없다.

한국은행의 임금을 한번 보겠다. 한국은행 직원이 2445명(총재 1명, 금통위원 5명, 부총재 1명, 감사 1명부총재보 5명)이다. 한국산업은행 직원 3055명(은행장1명, 이사1명, 감사 1명)이다. 한국은행의 1인당 평균연봉액 9906만4천 원, 산업은행 1억1199만9천 원, 남자 1억 2828만8천 원, 여성 8321만2천 원, 신입직원의 초임의 연봉이 한국은행 4656만8천 원, 기업은행 5011만7천 원, 한국은행총재 3억5천7백만 원(기본급 2억9690만 원, 복리후생 70만 원, 성과상여금 5940만 원), 금통위원 3억2790만 원, 감사 3억1360만 원, 부총재보 2억6500만 원, 산업은행장 3억887만5천 원(기본급1억9613원, 성과상여금1억9266만4천 원), 상임위원 3억2668만 원이다.

지속적인 부실경영을 막고 직원들과 주주들에게 안정적인 배분이 되기 위해 대책이 필요하다. 이것을 해결하는 방법으로 기업경영 원칙을 법으로 마련해야 되는 것이다. 모든 공직자의 비리는 공소시효를 없애야 하는 것이다.

공기업 부터 경영 원칙을 법으로 만들어야한다. 경영 원칙은 기업이 흑자를 냈을 때는 임원이 하자가 없으면 재임용되고 적자를 내면 임원은 자동사퇴한다. 흑자일 때는 이익의 25%는 부채상환, 25%는 연구비투자, 25%는 직원월급 인상이나 보너스로 지급, 25%는 주주들의 배당금으로 하면 회사경영이 건전하게 될 것이다.

그리고 그동안에는 임원들이 철밥통이었으나 이제는 사퇴하지 않기 위해 혼신을 다해 열정적으로 경영하게 될 것이다. 노사가 야합할 수도 없고 싸울 필요도 없다. 회사의 주인이 없는 공기업 지난날 기아자동차나 은행처럼 경영인만이 있는 회사도 저절로 굴러가게 되는 것이다. 단 회사의 경영권이 외국계로 넘어가서 기업의 정보가 유출되지 않도록 국가가 경영권을 보호하면 되는 것이다. 과거에는 귀족 노조들이 자신의 자리를 자녀들이나 가까운 사람들에게 물려주는 폐해가 있었다. 이것은 공정을 외치는 노동조합의 모순이었다. 그리고 은행 같은 경우는 경영진과 노조가 야합하여 서로 월급을 올려주는 이상한 일이 있었다는 것이다. 사실상 제동장치가 없어서 이자율을 마음대로 올려서 '땅 짚고 헤엄치기' 기업인데도 부채를 짊어지게 된 것이다.

　이렇게 해도 경영이 어려울 때는 경영의 적정성 평가를 받고 문제를 해결하면 된다. 정 구제 불능이면 회사를 해산해야 될 것이다. 우리가 부의 양극화가 된 가장 중요한 원인은 투기로 인한 부동산값의 폭등이다.

　대기업이 입지를 선정하면 과거에는 1000원 하던 땅이 500만 원으로 오른다. 기관이 유치되는 경우도 10000원짜리가 500만 원, 1천만 원이 되는 것이다. 그러기 때문에 사전에 정보를 알면 5천 배, 5백 배의 부자가 된다. 그러니 부동산 투기를 안 하는 사람이나 못 하는 사람이 바보다.

　권력의 힘이나 재벌은 융자를 얻어서 사놓으면 회사를 운영하지 않고 주변 땅만 사놓았다가 되팔면 엄청난 차익을 얻을 수 있다.

　해결방법은 우리는 우리가 생산하지 않는 것은 사고팔 수 없게 해야 한다. 우리가 공기를 팔 수 없다. 공기정화기는 팔 수 있다. 태양도 팔 수 없다. 태양 열전기는 팔 수 있다. 토지는 사고팔 수 없게 하고 필요한 사람이나 회사가 사용권만 갖게 하는 것이다.

　아파트는 원가 공개를 하고 LH를 긴축운영해서 원가로 공급하고 임대주택을 대량 짓는다. 공공주도로 재개발을 하면 될 것이다. 평야에 아파트 부지를 마련하는 것은 개발이 아니고 죽을 짓이다. 식량 자급을 하지 않으면 위기가 곧 올 것이다. 따라서 식량자급을 하면 가장 튼튼한 산업기반을 만드는 것이다. 금융대란이 와도 먹고 살면 견딜 수 있는 것이다. 우리의 논에 전국 저수량의 1.7배를 저수할 수 있는 것이다. 논농사를 많이 지으면 우리의 환경과 치수 질병예방에 좋은 것이다. 여기에 따른 부수적 이익도 많다.

아파트는 짓는다고 해결되지 않는다. 국립대학을 통합하고 기초학 중심 및 특성화하면 많은 인구가 분산될 것이다. 외국처럼 무시험과 무상교육을 하면 더 좋을 것이다. 수도권 대학 정원을 인구감소 이상으로 줄이고 지방에 정원을 늘인다. 굳이 아파트 값비싸고 생활비 많이 드는 서울에서 살 필요가 없어진다. 너무 많이 지어서 폭락할 때를 생각해야 할 것이다.

여러 채 집을 가진 사람들이 장난을 치기 때문에 임대료를 전세가 기준으로 공시가의 60% 상한선을 법으로 규정하면 당장 매물이 많이 나오고 서서히 떨어질 것이다. 그러면 부동산을 여러 채 가질수록 손해를 보기 때문에 매물이 많이 나올 수밖에 없고 거래가 활발해지면 세금도 많이 낼 수 있게 된다.

소득의 양극화가 된 것은 부동산 가격상승이 주된 원인이다. 주요원인을 해결하면 되는 것이다. 주택은 주거의 의미로 써야 하고 돈벌이 수단이 안 되면 다수의 국민의 마음이 안정되고 상대적인 박탈감이나 빈곤감이 없어진다. 토지평등화와 농민기본소득부터 기본소득을 확대해나가면 심리적인 안정이 된다. 식량자급으로 식량생산국들의 위협을 받지 않고 먹을 것이 있어서 굶을 일이 없으면 걱정이 없어진다. 대학까지 무상교육을 하면 부의 양극화가 점차적으로 해결될 것이다.

오늘 우리의 정치는 일제강점기의 수탈기관의 정치와 독재자를 위한 법이 합해진 상태에서 근간이 변하지 않고 있다. 이제 오늘의 우리는 빼앗긴 정의로운 정신과 권리와 정치를 되찾아야 한다. 넋 놓고 얼빠져 있으면 악한 자들이 무슨 짓을 하는지 모른다. 오늘의 거대 정당 후보들이 생각하는 것은 무엇이었는가? 대통령이 되기 위한 것이었는가? 이권을 챙기는 것이었는가? 아니면 자기 직업군의 카르텔을 보호하여 짧은 일생에서 이권을 누리려는 것이었을까?

제대로 된 나라는 독립지사나 애국자를 극진히 예우한다. 그런데 우리나라에서는 무수한 위험으로부터 살아서 돌아온 독립투사들이 반민족적인 자들에 의해 암살당했다. 원인은 반민족적, 반인륜적, 부패공직자들에 대한 공소시효를 없애지 않았기 때문이다. 그래서 반민특위가 없어지고 곧바로 친미파로 가장한 친일파들의 세상으로 변했다. 이승만을 비롯한 집단들이 자신들의 집권야욕을 위해 미국과 손잡고 위대한 지도자 김구 선생마저 경교장에서 참혹히 암살시키는 참극이 벌어지기도 했다. 이후 이승만 독재체제가 이어져왔고, 군부독재로 이어지며 과거 친일청산은 이루어지지 않은 상태에서 오늘날에 이르게 되었다.

무엇보다 공직자에 대한 공소시효를 없애는 것부터 시작해야 과거 친일청산 등을 확실히 할 수 있으며 훌륭한 분들에 대한 재평가와 모든 국민이 억울하지 않고 희망을 가지고 기쁨으로 살아가는 행복한 세상이 될 것이다.

선거,
치열함을 벗고
축제가 되다

선거, 치열함을 벗고 축제가 되다

여러분은
더 심한 독재를
원하는가?

● 정치는 우리의 생명과 지갑을 관리하는 것
  – 욕심이 없는 사람을 대통령으로 뽑으면 바로 정치가 쉬워진다

　정치는 통치자나 정치가가 사회구성원들의 다양한 이해관계를 조정하거나 통제하고 국가의 정책과 목적을 실현하는 일을 하는 것이다. 정정당당한 방식으로 국가권력을 획득하고, 그 중심에서 국민들이 인간다운 삶을 영위하고 상호 간의 이해를 조정할 수 있도록 중재하며, 사회질서를 바로잡는 통합의 역할 등을 하는 것이다.
　주민이 뽑은 지도자들은 우선 주권자들의 다양한 요구에 귀기울여야 할 것이고 국민 상호간 얽혀있는 문제들을 상호 이해관계를 통해 조정하고 통제하여 가능하면 많은 국민의 요구를 실현하기 위해 노력해야 한다. 어느 한 사람도 소홀함 없이 억울함으로 신음하는 국민이 없는 사회를 구현해 나가는 것이다.
　그러기 위해서는 소수의 억울함도 간과함 없이 다양한 방식의 토론과 홍보를 통하여 지금 직면한 문제가 무엇인가 파악하여 가능하면 국민 모두가 이해할 수 있는 방안을 모색하고 자발적으로 국

민이 정치에 참여할 수 있도록 해야 한다.

　우리가 좋은 정치를 원하고 좋은 나라를 만들고 그런 나라의 국민이 되길 바라는 중요한 이유는 먹고사는 문제와 직결되는 경제만이 아니고 우리의 생명을 보호받기 위함이다. 거기에 존엄한 개인의 인권이 존중되는 나라를 원하는 것이다. 아무리 크고 부유하고 강대한 나라라고 해도 인권을 무시하는 나라는 우리에게 필요가 없다.

　가난해도 행복한 나라가 좋은가? 아니면 자살률 1위의 부자나라를 원하는가? 선거 때만 되면 감초처럼 수많은 거짓말 공약들이 등장한다. 이번에도 대통령 후보들이 공약을 마구마구 쏟아내고 있다. 그렇게 대선후보들이 약속을 다 지킨다면 이번 후보들은 공약 내놓을 필요가 없다. 일찍이 과거 대통령 후보들이 이미 공약으로 내세웠던 것이기 때문이다. 그런데 지금의 우리 실정은 어떤가? 그들이 제시했던 허무맹랑한 공약이 얼마나 이루어졌는가?

　우리 경제가 어려웠던 1960년과 1970년대에는 자살률 일등이란 말은 들어보지도 못했다. 지금 '국민소득 3만불 시대'라고 하지만 과거에는 보통 중산층이라면 집이 없는 사람은 드물었고 열심히 노력하면 자그마한 집 정도는 장만할 수 있었다. 지금처럼 웬만한 생계를 유지하는 가족임에도 돈 가지고 아등바등 싸우지 않았다. 과거 6, 70년대는 월급쟁이 가장 한 사람이 다섯 가족을 교육시키고도 먹고살 수 있는 시대였다. 단지 넉넉하고 풍족하지 못한 게 불편할 뿐이었다. 그런데 지금은 부부가 맞벌이를 해도 자식들 가르치기가 힘들고, 뛰는 집값으로 변변한 집을 사기도, 전셋집을 구하기도 힘들다. 자식들 교육비용이 많이 들어 자녀를 낳아 기를 엄두도 못 낸다. 쉽게 말하면 정상적인 기본생활을 하기 어렵다. 한번 생각해보자.

자살률이 높은 것이 좋은가? 억울한 사람이 많은 것이 좋은가? 집 사기 어려운 것이 좋은가? 자녀의 학비가 많이 들어야 좋은 것인가?

옛날에는 놀고먹는 사람이 없을 정도로 부지런해서 마약중독자를 보기 드물었다. 지금은 알콜중독자는 물론이고 마약중독자도 급속도로 늘고 있는 추세이다. 이제 대선이 다가오고 있다. 책임지지 못할 경제공약은 하지 말자. 우리 국민은 대선 경제공약에 속지도 말자. 돈보다 중요한 것은 국민을 사랑하는 진실된 마음이다. 한번 예를 들어보겠다.

2007년 17대 대선 당시, 이명박 후보와 정동영 후보가 출마할 때의 일이다. 이명박 후보의 〈내가 비비케이의 설립자다〉라는 제목의 유튜브가 인터넷상에 떠돌았다. 이명박 후보가 거짓말을 하고 있다는 것은 소수를 빼고 알 만한 사람은 다 알고 있었다. 그런데 검찰은 사실을 알면서도 조사하지 않았다. 유권자는 이 후보가 대기업 회장을 역임했으니 경제를 잘 살리겠지, 경제(돈)를 우선시하며 진실을 외면한 채 이명박을 압도적으로 지지했다. 이 사실을 접하며 가슴을 쳤다. 아니나 다를까? 이명박은 정권을 거머쥐자 국가를 자신의 사업체처럼 운영했다.

'이명박은 대통령이 되면 안 된다'는 것을 일찍이 나는 예측했다. 그는 차라리 건설교통부장관이 되었다면 잘했을 것이다. 건설교통

부장관 정도면 청와대나 국회에서 그가 하는 부당한 일을 통제하고 막을 수도 있었을 것이다. 그가 대통령이 되면 무슨 일을 저질러도 통제할 자 아무도 없으리라 예상했기에 나는 당시, 그가 대통령 되는 것을 결사반대했다. 그러나 이명박 대통령시절 서울시 교통체계를 정립해놓은 점은 잘한 일이다. 대기업회장 출신답게 어떤 일이든 기어이 일을 성사시키고 마는 기질이 발동한 것이다. 누구나 장기간 한 분야에서 오랫동안 종사하다 보면 그 직업의 습성에 길들어지게 마련이다. 그런 오랜 습관이 그 사람의 인격을 만들어내기도 한다. 모두 다 그렇다고 단언할 수는 없지만, 건설업의 경우, 공사비 부풀리는 데 익숙하여 거기서 개인돈을 챙기는 것이 습관이 되었을 것이다. 뇌물을 주고받다 보면 거의 이런 습성이 굳어지게 마련이다. 반면 봉사하는 직업에 오래 종사한 사람은 어떠한 일이든 봉사자의 시각에서 남을 배려하고 남을 위해서 행동한다.

　뇌물을 주고받는 일에 익숙한, 이러한 일을 반복하는 직업에 장기간 근무하며 승진을 계속해온 사람이 대통령이 되면 어떻겠는가? 거짓말 소문거리를 가지고 흥정해서 뇌물을 받고 선량한 사람의 등을 치는 사람들이 대통령이 되면 어떻겠는가? 재판을 통해 뇌물을 주고받는 거래를 장기간 했던 사람이 대통령이 된다면 어떻게 될까? 법을 악의 축으로 이용하여 세상은 법을 가장한 무법천지가 될 것이다.

　똑같은 법조인이어도 약한 자들을 위해 변론하며 정권으로부터 막대한 압력과 피해를 입어도 이에 굴하지 않는 정의로운 변호사도 있다. 2013년 당시 서울시에서 계약직 공무원으로 일하던 유우성 씨는 국정원으로부터 간첩으로 몰리며 민변(민주사회를 위한 변호사 모임)에 구명요청을 하였고, 이때 장경욱 변호사는 자신의 돈을 들여 중국을 오가며 2년 만에 그 누명을 벗겨낸 인물이다. 이러한 정의로운 장경욱 변호사와 '민주사회를 위한 변호사 모임'에서 일하는 이들 중에 대통령이나 국회의원이 나오면 어떨까? 똑같은 언론인이어도 바른 세상을 만들기 위해 유익하고 바른 보도를 하려고 애써온 사람이 대통령이 된다면 세상이 좀 달라지지 않을까? 예를 들면 동아일보 해직기자들 같은 경우이다. 그리고 평생 남이 잘되도록 음양으로 애를 써온 의사가 대통령이 된다면 어떨까?

그리하여 유권자들에게 진정 호소한다.

"유권자들이여! 이번에는 돈이나 거짓 공약을 믿지 말고 진실을 택하자. 그가 지금까지 해왔던 일들을 제대로 살펴보고 좋은 사람을 지지하자."

냉철한 이성을 가지고 그가 해온 일을 평가해보고 뽑는다면 선거에 큰 실수는 하지 않을 것이다. 상상해보라. 가짜 간첩을 만드는 일에 앞장서 온 직업에 종사한 사람이 대통령이 되어 활보하는 것을. 이는 공포정치의 서막을 알리는 무서운 경고이다. 지나친 개인 이득이나 비이성적 감정에 치우치거나 편가르기에 휘몰려 잘못된 대통령을 뽑으면 그가 대통령이 되어 일을 수행하는 과정을 지켜보며 반드시 가슴 칠 날이 올 것이다.

편가르기에 연연하지 않고 이성적 판단하에 대통령선거에 참여할 때, 그런 다수의 의식 있는 국민에 의해 대통령이 당선되었을 때 비로소 기회균등의 시대가 열린다. 또한 자살률 1위의 치욕을 면하는 살기 좋은 자랑스런 나라가 될 것이다.

　욕심이 없는 사람을 대통령으로 뽑으면 바로 정치가 쉬워진다. 국민을 위해 봉사하고 희생할 사람, 그 '진실'을 선택한다면 생계 걱정없이 무직인 사람 또한 자신이 하고 싶은 일을 하면서 먹고 살게 할 수 있다. 그래서 주장하는 바가 바로 '식량자급' 정책이다. 현재 우리나라 곡물자급율은 21%, 전체 식량자급률은 45.8%이다. 이 중 곡물자급률을 100%까지 끌어올리면 '식량무기화'와 IMF와 같은 금융위기도 두렵지 않게 된다. 또한 현재처럼 심각한 '코로나19' 사태로 인한 식량공급망 혼선, 각국의 수출규제, 기후변화 등으로 인한 식량가격 상승 등의 불안에서 벗어날 수 있다.

　식량자급률을 100퍼센트로 끌어올리면 우리 국민의 먹고사는 생계문제, 명쾌하게 해결할 수 있다. 이러한 생계가 보장되는 안정된 구조 속에서 자신있게 자신이 하고 싶은 일에 몰두하며 연구하는 사람들이 속속 나오게 될 것이다. 그리고 기회가 왔을 때 자신의 연구결과물을 특허 내어 세계시장에 뛰어들어 성공하여 부자가 되기도 한다. 그러한 사람들이 속출할 때 나라경제도 튼튼해지고 부강해질 수 있다.

　식량자급률만 해결해도 빚에 허덕이던 농민들은 이제 불안정한 쌀값 걱정없이 살 수 있게 된다. 또한 농민에게 노후보장 보험의 혜택을 주어 안정된 노후생활을 보장해준다면 농민이 되는 것 자체가 자동적으로 노후문제를 해결하는 방법이 될 것이다. 농사를 짓는 사람들에게 생계유지는 물론이고 삶이 윤택해지도록 법적으로 반드시 보장해주어야 한다. 이러한 실질적인 농업정책을 얘기하는 이유는, 후보들이 지킬 수 없는 거짓 공약을 수없이 내걸지만, 이것이 국민생활을 더욱 어렵게 만드는 요인이며, 이에 속지 말라는 얘기이다.

유권자들이 매번 자기 지역, 고향을 운운하며 편가르기를 시도하는데, 그렇다고 당선되어서 그 지역 경제를 살리는 정책을 펴는 것도 아니다. 정치인들은 단지, 불리할 때면 편가르기를 시도한다. 국민을 섬기고 봉사할 자 누구인가, 그 진실한 사람이나 집단을 선택하라는 얘기이다.

미국의 예를 보라. 록펠러와 동업을 시작했던 루이스 헨리 세브란스(Louis H. Severance 1838~1913)는 소유하고 있는 전 재산을 자신을 위해 쓰지 않고 오직 이웃을 위해 썼다. 그는 1900년 우리나라에서 선교하던 미국의 의사 에비슨 선교사가 우리나라의 처참한 환경을 보고하는 것을 듣고 우리나라 국민이 무료로 치료받을 수 있도록 1904년 세브란스 병원을 짓게 하였다. 그뿐만 아니라 자신의 주치의 러빙 러들러도 한국에 파견하여 26년간 봉사토록 하였다.

그는 필리핀 세부 여학교 중국의 체프 병원, 항주 유니온 여학교, 태국의 치앙마이 학교 등, 자신과 아무 연고도 없고 알지도 못하는 곳에 병원과 학교를 세웠다. 그는 평생 고아를 돌보던 부모님처럼 봉사하며 살았고, 유언을 남기지 않고 갑작스럽게 죽음을 맞이한다. 그가 마지막 입고 있던 옷의 호주머니 속에는 앞으로 기부할

명단과 기부액이 적힌 글씨가 지면을 빼곡이 메우고 있었으며, 그렇게 그는 자신 이름으로 된 집 한 채 남기지 않고 세상을 떠났다.

　미국의 소프트웨어 개발자인 빌 게이츠(Bill Gates, 1955~)는 사회복지재단을 만들어서 사회에 봉사하고, 미국의 기업가인 워런 버핏(Warren Buffett, 1930~)은 빌 게이츠 재단에 자기 재산의 85%를 기부하기로 약속했다. 미국의 재벌들은 우리에게서 세금을 더 거두어서 국가와 복지에 쓰도록 요청했던 예도 있다. 부자가 존경받는 세상을 만드는 것도 정치인의 몫이다.

　우리나라는 경제협력개발기구(OECD) 회원국 중 자살률이 일등인 나라다. 여기에 무슨 설명이 필요하겠는가? 이것이 한마디로 표현되는 우리나라의 현실이다.

　국민을 위한 올바른 정치가 실행되는 가운데 기업과 소비자인 시민이 사랑의 공동체로서 서로 협력하면 왜 자살률이 높아지겠는가? 정치인들은 자살률이 일등인 우리나라를 과연 살기 좋은 나라라고 말할 수 있을까? 왜 이렇게 되었느냐고 정치인들에게 물으면 어떻게 대답할 것인가? 공정한 사회라고 할 것인가? 희망이 있고 억울한 일이 없는 살기 좋은 나라라면 왜 극단적인 선택을 하겠는가?

　출산율은 어떠한가. 이 역시 OECD 회원국 중 꼴찌 수준이다. 통계청에 의하면 2019년 출생아 수는 27만 2,300명으로 1년 전보다 무려 10퍼센트(3만 300명)나 감소했다. 이런 점에서 한 여성이 평생 낳을 것으로 예상되는 평균 출생아 수인 합계출산율은 0.98명

(2018년), 0.92명(2019년)으로 1명 미만 수준에 머무르고 있다. 이 또한 OECD 국가 중 합계출산율이 1명 미만인 나라는 한국이 유일하다.

　정말로 최악이다. 출산율 최하위라니…… 도대체 우리나라가 왜 이렇게 되었느냐고 물으면 뭐라 정치인들은 변명할 것이며 누구 때문이라고 핑계 댈 것인가?

　자녀 교육비용이 많이 들어 감당이 안 되기에 아이를 낳고 싶어도 낳을 수 없는 것이 현실이다. 우리나라는 물가가 세계 3, 4위 정도 되고 대학학비가 국민소득 대비 세계에서 제일 비싸다. 국민소득이 높아진 것은 의미가 별로 없다. 아무리 부부가 맞벌이를 해도 생활비가 많이 들어 아이를 낳아 키울 엄두도 내지 못하거나 아예 결혼조차 생각지 못하며 독신으로 늙어가는 젊은이들이 태반이다.

　아이는 국가의 미래 꿈나무이거늘, 출산율 최하위 나라의 미래가 결코 밝을 수는 없다. 과다하게 드는 자녀교육비, 얼마든지 비용이 들지 않아도 될 교육비를 정치인들과 정부 관리들, 대학과 사교육 관계자들이 합심해서 아기를 낳고 키울 수 없게 올려놓았다. 국가의 미래가 달려 있는 이 중차대重且大한 시점에 제대로 대책이나 세우고 세비를 받아가는지 묻고 싶다.

　성인이 되면 가족을 이루고 아이를 낳아 키우며, 이 소중한 과정 속에 '행복의 꽃'이 피는 살기 좋은 나라를 만드는 것, 이런 것이 정치이다.

● 국민을 집단 살인해도 배불리 먹여주면 용인할 수 있는가?

　텔레비전 뉴스를 보면서 다수의 국민들이 얼마나 한심한가?
　우리나라 두 거대 정당후보들이 말하는 것을 보면 사리 분별력 없는 말들을 쏟아내는 분들이 어떻게 한 국가의 대통령이 되겠다고 나서고 있는지 의문이 들 때가 있다. 생각해보면 그들을 추종하는 것 자체가 아직 그들의 추한 민낯을 몰라서일 수도 있다. 과거역사로 거슬러 올라가, 1979년 10월 16일부터 5일간 박정희 유신독재에 맞서 부산과 마산에 걸쳐 벌어졌던 '부마민주항쟁'에서도 "마산시민이 얼마나 되나? 쓸어버려." 이러한 명령이 버젓이 내려지고, 1980년 5·18민주화운동 당시에도 광주 도청 옥상에서 공수 특전단이 광주시민을 향해 '앉아 쏴' 자세로 총부리를 겨누는 참극이 벌어지는 처참한 상황······. 이를 두고 선거 때나 정정이 어려울 때마다 종북이다, 간첩 짓이다, 가짜 위조된 사건들을 만들어 국민의 시선을 온통 그쪽으로 쏠리게 하며 18년간 온 국민을 괴롭힌 자들을 '악마'라는 말 외에 달리 표현할 수 있겠는가? 그런 독재자, 학살자들에게 보릿고개를 없애주었다고 영웅이라며 부추기며 경제를 잘 이끌었다고 칭송까지 한다. 그뿐인가 광주학살의 주범으로서 전 국민을 경악의 도가니로 몰아넣었던 5·18 내란수괴 전두환에게도 '경제는 잘했다'고 칭찬한다.

자신의 가족이 당하지 않았다고 그런 말을 감히 할 수 있는가? 그런 말을 서슴없이 하는 사람이 소위 지식인, 배운 사람이 맞는가? 그것이 역사에 대한 올바른 평가이고 진정한 말이라고 할 수 있는가? 그런 말을 하는 이들을 상식적이라고 할 수 있는가?

1948년 제주 4·3 항쟁에서도 미군정·국군·경찰이 제주도민을 향해 무차별 살상이 가해지고, 1950년 6월 27일 대전 외곽 1km 거리에 죄 없는 국민을 죽여 묻어 버리고 자기만 살아남으려고 서울의 한강 다리를 일부러 끊어 버리고 도망간 이승만을 여전히 국부라고 하는 멍청이들을 우리는 달리 뭐라 표현해야 하는가? 무식이 아니라 몰상식하다는 표현이 적합한가? 표현할 말이 마땅치 않다.

세계사는 유대인 600만을 학살한 히틀러(Adolf Hitler, 1889~1945)를 독일 민족을 단결시킨 영웅으로 평가하는가? 피의 숙청기간(1937~1938) 1년 동안에 100만명 이상을 처형한 스탈린(Joseph Stalin, 1878~1953)을 어떻게 평가하는가? 노동자들을 위하여 철권통치를 했다고 칭찬해야 하는가? 이들에게도 잘한 것이 한 가지라도 있을 것이다. 그러나 우리나라 정치인이나 일부 몰지각한 사람들처럼 평가하지를 않는다.

한때 지성인이라고 잘못 보았던 모 교수도 노망하셨는지 자기가 싫어하는 후보를 좋게 평가하면서 후보들과 같은 이야기를 하였다. 이런 사리 분별없는 후보들이 대통령이 된다면 우리의 앞날은 어떻게 될 것인가? 평생을 무자비한 일을 자행한 사람이 대통령이 된다면 우리는 얼마나 공포 속에서 살아야 할 것인가? 이 말이 실감이 나질 않겠지만, 내가 아는 단체의 대표는 검사 앞과 구치소에 갔다 온 이후 사람이 완전 달라졌다. 기존과 달리 변절한 대표가 되었고, 결국은 여당 국회의원으로 탈바꿈하여 활동했다. 단지 표를 얻기 위해 그런 아부의 말을 했다고 해도 용납되지 않는 행동이다. 이것은 양심을 파는 일이다. 범부로 살지, 양심을 팔아 국민의 표를 사려 하는가?

국민투표를 통한 직접민주정치로 얼마든지 국정을 쉽게 이끌어갈 수 있음에도 그런 말을 한 번도 꺼내보지 않은 사람들이 과연 정치할 자격이 있는가(?) 묻고 싶다. 몰라서 그런 것이겠지, 알았다면 이렇게 국론이 갈리어 분열하고 국민으로부터 비난만 받고 있지 않을 것이다. 무엇이든지 권력의 주인이 최종결정자임을 알고 국민에게 묻자.

하루빨리 국민투표에 대한 보완법을 만들고 국민투표를 적극 활용하자.

우리 인간의 삶에서 정치와 무관한 것은 아무것도 없다. 우리가 매일 마시는 햇빛, 공기와 물도 정치다. 어떻게 다스렸는가에 따라 햇빛, 공기와 물이 다르다.

미군이 73년 동안 주둔하던 용산. 그 땅속 깊이 스며 있는 미생물까지 정치와 밀접한 관계가 있다. 이제 용산기지 일부 반환을 앞두고 미군기지를 둘러싼 환경오염, 특히 맹독성 화학물질 기름 유출사고로 토양오염이 심각한 수준이다. 이뿐인가? 2015년 오산의 미국 공군기지에서 탄저균 누출사건에 이어 2016년부터 부산 8부두에서 미해군은 세균실험실을 차려놓고 맹독성 생화학물질이 나오는 세균실험을 하고 있다. 현재 시민연대에서 굴욕적인 미군기지 반환협상의 무효화를 외치며, 미국에게 환경오염 정화비용의 지불의 요구, 불평등한 한미SOFA 개정을 주장하고 있다.

이제 미군이 주둔한 우리 땅, 용산기지를 다시 돌려받는 입장에서 불평등한 협상이 이루어지지 않게 다시 문제점을 꼼꼼히 따져야 할 것이다. 이미 오염된 땅이지만, 불평등한 반환이 되지 않도록 반드시 환경오염 정화비용을 미국으로부터 받아내어 우리 삶과 지갑(재산)을 지키고 주민 간의 불편을 최소화해서 살기 좋은 공동체를 이루는 역할을 우리 정부가 해내야 할 것이다.

그래서 정치는 기차를 움직이는 기관차이고, 자동차의 엔진과 배의 키라고 할 수 있다. 여기에서 조직을 움직이는 정치는 윤활유인 주민 간의 사랑과 타인의 입장을 헤아릴 줄 아는 인간성이 가미되면 더 아름다운 세상이 될 것이다. 그리고 정치인들이 아무리 혐오스럽고 부도덕하게 할지라도 정치에 무관심하지 말고 적극 참여해야 세상을 올바르게 바꿀 수 있다. 대부분의 나라는 자국의 이익만을 생각하지 우리나라가 어떻게 되든 상관하지 않는다. 또한 현 집권자들이나 권력을 위임받은 자들이 본래의 사명을 충실하게 수행하고 있지 않는 상황에서는 주권자들인 시민이 직접 정치에 나서는 길이 유일한 정답이다. 국민이 직접 관여하는 직접민주주의 실현이 절실히 요구되는 시점이다.

정치를 멀리하고 무관심한 것이 잘한 일인가?

안타까운 것은 부패집단들이 득실거리는 이 상황이 더럽고 싫다는 이유로 정치를 멀리하는 사람들이 있다. 정치에 무관심하는 것이 마치 고상한 것처럼 착각하고 있다. 그런 분들에게 묻고 싶다. 당신의 생명과 지갑을 맡을 사람인데 그렇게 아무나 선택하고 지갑을 지나가는 아무에게나 맡기겠는가? 이런 분들일수록 누가 자기 돈 천 원이라도 가져갈까봐 조금도 손해나지 않도록 자신의 잇속 챙기는 데 급급해할 것이다. 그런 사람들은 정치인들이 정치를 잘못하여 우리들에게 막대한 손해를 끼쳐도 관심없거나 너그럽기까지 하다. 그러면서 이웃 주변사람이 그런 행동을 하면 바보라고 욕할 게 분명하다.

박정희 정권에서 한때 그런 말이 돌았다. '정치는 정치인에게' 이런 몰상식한 말이 어디 있는가? 정치의 기본도 모르는 사람이 만든 말이다. 정치는 다양한 직종의 당사자들이 대표로 출마하여 정치에 참여하는 것이다. 독재자들은 국민이 정치에 무관심한 것을 아주 좋아한다. 그래야 자신들이 온갖 악행을 해도 시끄럽지 않고 마음대로 협잡을 할 수 있기 때문이다. 역사적으로 나라가 망하는 것은 외적에 의해서가 아닌 내부의 적, 부패로부터 망한다. 국운이 기우는 막바지에 외적이 침입하여 완전히 망하그 마는 것이다.

1979년 나라가 망하는 증거를 보았다. 북으로부터 무장공비 3명이 넘어왔다. 무장공비는 전국을 휩쓸고 다녔다. 공비가 나타난 사실이 알려지면 대부대를 보내 포위했다. 포위하고 공비를 향해 장교가 전진을 외치면 사병은 아무도 전진을 안 하는 것이다. 내가 누구를 위해 죽어야 하나? 죽는 것은 개죽음이라는 것이다. 할 수 없어서 소대장 등 초급간부들이 앞서서 전진해 나가면 공비는 숨어 있다가 정확히 간부들을 저격한 것이다. 그리고 또 다른 곳으로 공비들은 이동했다. 3명을 잡기 위해 장교만 여러 명 희생되었지 공비 한 사람도 못 잡고 장기간 진압작전은 계속되었고 우세만 사게 되었다. 이래서 국가가 나를 위해서 해준 것이 무엇이냐, 하는 말이 나오는 것이다. 무방비 상태에서 자국의 군인을 죽음으로 몰고 가는…… 군인들조차 국가를 믿을 수 없었던 것이다.

우리가 정치에 무관심하고 정치인들을 욕만 하면 잘못된 정치가 고쳐지는가? 이렇게 방관만 해서 어떻게 정치를 바르게 고치겠다는 것인가? 내가 안 나서고 누가 고쳐 주길 바라는가? 빼앗긴 주권과 정치와 내가 챙겨야 할 돈을 당사자가 나서지 않는데 누가 찾아 주겠는가? 정치는 우리의 생명과 지갑을 관리하는 것이다.

돈을 더 버는 것 못지않게 실질 소득을 올리는 것이 중요하다. 예를 들면 전문대학원을 만들어 막대한 학비, 학원비, 필요 이상의 학업 기간을 소비하게 하고 초중고의 사교육비를 늘리며, 집값을 올려서 실질적인 국민소득을 절반 이하 또는 10분의 1로도 떨어뜨릴 수 있다. 이러한 사실을 전혀 모르고 무관심하다.

 더욱 중요한 것은 정치를 효율적으로 잘하면 인플레이션이나 필요 없는 제도를 없애고 만들지 않음으로써 실질 소득을 올릴 수 있다. 이토록 중요한 정치를 내가 하지 않으면 누가 하겠는가? 내 밥그릇을 내가 챙기지 않고 정치인들에게 욕한다고 정치가 바르게 되는가? 자신이 새로운 정당을 만들거나 만드는 사람들을 도와서 기존의 정치집단과 전혀 다른 정당을 만들어야 한다.

 정치는 자신의 생명과 경제를 지키는 것이다. 이해 당사자가 무관심하면 누구든, 언제든 생명에 위협을 받을 수 있다. 우리가 뼈 빠지게 수고하여 번 돈이 종이쪽처럼 가치가 없어질 수 있다. 이처럼 좋고 행하기 쉬운 직접민주주의인 국민투표를 잘 활용할 수 있게 하자. 당사자인 내가 직접 참여하는 새 정치판을 만들어보자. 국민투표를 확고하게 제도화할 후보가 당선되도록 총력을 다하자. 이번 대선에서 거대 여야 중에서 대통령을 뽑아야 되겠는지 깊이 생각해보자. 나아가 우리들이 후보를 내세우든지, 후보로 나서든지 적극성을 띠어야 할 것이다.

● 빼앗긴 주권과 정치 찾기
 - 똑똑한 시민이 새로운 정치집단을 만들어야 하는 이유

  기존정치 특히 거대 여당과 야당은 모든 선출직의 공천을 받는 데 거금을 요구한단다. 거기에 선거비용을 많이 투자한다. 그 다음에 이분들이 당선되면 가장 중요한 일이 무엇이겠는가? 모든 선출직에 출마하려는데 당선 가능성이 높은 지역일수록 광역 시, 도, 기초 시, 군, 구의원을 공천하는 데도 돈을 많이 요구한다고 한다. 줄도 잘 서야 한단다. 힘 있는 정당이 은밀히 진행하게 하고 조사의 한계성이 있어서인지? 아니면 여야가 서로 봐주기를 한 것인지? 밝혀지는 확률이 낮아 모든 시민이 알고 있는 비밀이라 한다.

  문제는 정치인이 되려는 목적이 불분명하고 명예를 내기 위해 하거나 사업의 이권을 챙기기 위해서 하는 것이다. 정치하려는 동기와 목적 자체가 잘못된 것이다. 자기가 하려는 직책이 무엇이며 이 직책으로 시민에게 어떤 봉사를 시행할 것인지 동기가 분명해야 할 것이다. 봉사하는 것 자체가 기쁘고 자랑스럽고 명예롭게 하는 것

이다.

  당선된 이들은 투자한 본전을 뽑고 이권을 챙길 수밖에 없다. 갖가지 특권을 한번 맛본 정치인들은 다시 공천받기 위해 정치는 하지 않고 눈치 보면서 거수기 노릇만 하고 자신들의 본분을 하지 않는다. 표창원 전 국회의원은 거수기('손을 드는 기계' 라는 뜻으로 어떤 의견에 대해 별 반응이 없다가 남이 시키는 대로 손드는 사람) 노릇만 하는 사실을 개탄하여 불출마를 선언했다. 나는 이런 이들이 남아서 세상을 바꾸어 나가야 할 것이라고 생각한다. 입법기관으로서 국회의원이 입법은 하지 않고 국정감사나 예산편성 시에도 행정공무원인 전문위원이 실권을 행사하고 관련된 부탁을 해도 행정공무원인 전문위원에게 부탁하는 실정이란다.

  지금의 여당을 보면 수없이 많은 선거 부정이 있었고 국회의 패스트트랙(fast track : 직권상정 제한으로 신속히 처리할 법안이 지지부진 통과될 경우를 감안해서 만든 보완제도)을 처리할 때 범법자들이 많았지만 여당의 의석이 많아지자 수사도 안 하고 있다. 서로 봐주기를 한 것이다. 이럴 때는 언론이 보도해서 법치가 이루어지도록 해야 하지만 언론도 이권에 따라서 입을 다물고 있다. 입을 열어 진실을 보도해야 마땅한데 말이다. 수사 인력과 수사할 의지가 부족하거나 없는 것으로 판단되기에 이럴수록 사립탐정 제도가 절실히 요구된다. 시급히 사립 탐정제도를 도입해야 한다. 우리나라에만 금하고 있는 제도이다.

  이제 구정치인들에게는 아무것도 바라지 않는다. 그들은 일하면 부정을 저지르고 옳은 일을 하지 않으려고 하기 때문이다.

◆ 우리나라는 시민이 주인인 민주국가가 아니다

시민은 주권과 정치를 빼앗겼다. 아니 무관심과 자진 반납으로 빼앗긴 것이다. 언론, 검찰, 판사, 재벌, 대형 법률회사(로펌)와 정치인들에게 빼앗긴 것이다. 우리들이 무관심하고 포기하며 빼앗긴 것이 이들의 밥이 되었다. 시민들은 검찰 수사나 재판이 의도에 의해서 잘못되었을 경우라도 잘못되었다고 말할 수 없다. 재정신청이나 잘못한 사람을 벌하지 못하게 법으로 만들어 놓았다. 독일의 경우는 판사의 13%가 재판을 잘못해서 벌을 받았다고 한다. (최자영 교수의 《거짓말공화국》 인용)

시민혁명만이 그들을 퇴출시킬 유일한 방법이다.

정신만 차리면 정치가 가장 쉽다.

정직하기만 하면 간단하다.

시민혁명은 누군가 깃발을 들고 앞장서야 한다.

혁명이라면 총과 칼로 무장하며 피를 부르는, 대단한 것을 생각하지만, 촛불혁명이 그랬듯이 지극히 평화적으로 할 수 있다. 시민이 자발적으로 기존과 전혀 다른 새로운 정당을 창당하고 시민들의 힘으로 매일 100원씩 한 달 3,000원의 당비를 내는 권리당원이 됨으로써 정치혁명은 시작되는 것이다. 국민 일개인 일개인이 함께 정치에 참여하면서 공천헌금 따위는 받지 않는다는 것을 전제로 삼는다. 후원금을 낸 유권자들이 자원봉사자가 되어 돈이 들지 않는 선거운동을 통해 공정선거를 치러야 한다. 정부나 국가가 하지 않는 것을 국민이 직접 나서서 하려면 신선한 정치참여에 대한 투자가 필요하다. 우리의 권리를 찾고 억울함 없이 새 정치변혁으로 국가의 질서를 바로 세우려면 소중한 일개인의 투자가 필요하다. '하루 단돈 100원과 자원봉사'가 투자의 비결이다.

 바른 정치를 하게 되면 우리가 낸 당비 하루에 100원이 10만 원 100만 원, 천만 원 그 이상의 이익으로 다시 되돌아오게 된다. 물가와 집값이 내리고, 줄줄 새는 세금이 절약되어 우리 국민은 세금을 덜 내도 되고, 새는 세금으로 복지에 쓰면 우리의 암울하기만 했던 미래는 이제 어떻게 펼쳐지겠는가? 지금처럼 삶이 각박하지 않고 여유롭고 풍요롭게 될 것이다.

 이렇게 당선된 이들은 선거 이후 어떻게 달라져야 하겠는가? 감사하는 마음으로 국민에게 봉사하며 본전을 뽑을 생각은 결코, 하지 않을 것이다. 이에 따라 주권자들의 입김이 세지고 깨끗한 정치가 이루어지는 것은 당연지사다. 위선적 대표들 몇몇에 의존하기보다 시민이 적극 정치에 참여하는 직접민주주의가 실현될 것이다. 그러면 이 땅에 부당함, 억울함으로 신음하는 사람이 없는, 살기 좋은 세상이 반드시 오리라.

 게다가 2회까지만 연속 공천이 가능하여 지도부의 눈치를 볼 필요가 없이 많은 사람이 교대로 정치에 입문하여 정치하기 때문에 주권자인 시민만 바라보고 정치하게 만들 수 있다.

 북유럽과 같은 국민을 위한 아름다운 정치는 피해 당사자인 유권자가 정신을 차려야 이루어진다. 주권과 정치를 빼앗긴 당사자인 시민이 직접 나서야 한다. 당사자가 뒷짐 지고 뒤에서 평가나 하고 있고 욕해댄다고 세상이 달라지겠는가? 당사자인 본인이 당비를 내고 자원봉사, 선거운동을 하며 정치인에게 돈 받지 않고, 자신이 출마하고 정당은 정치교육을 통하여 정치봉사자를 양성해 내어야 할 것이다.

- **주권을 찾는 방법**
  - 창당을 위한 입당원서를 받아 출마하면 반드시 당선된다!

  주권을 찾으려면 힘이 있어야 한다. 현재 정치를 담임하고 있는 기득권세력이 자신들의 이득을 위해 전혀 개혁하려 들지 않기 때문이다. 이 철벽같은 기득권세력을 무너뜨리는 방법은 간단하다.

  이 책을 읽는 당신 한 사람이 행동하면 된다. 여러분, 불개미가 강을 건널 수 있다고 생각하시는가? 브라질의 불개미 떼가 아마존강을 건너는 것을 본 적이 있다. 재빠르게 한 마리씩 붙기 시작하더니 수많은 불개미가 큰 덩어리로 뭉쳐 뗏목이 되어 강을 건너고 있는 모습이었다. 자신과 대한민국 지식인을 불개미 떼와 비교해보길 바란다. 그런데 우문을 던지고 싶다. 개미는 일류 대학을 나왔는가? 배운 사람들이 불개미보다 똑똑하다고 생각하는가? 일상생활 중에서 사람들에게 이 불개미 이야기를 해줘도 알아듣지 못하고 들으려 하지도 않는다.

  교육이란 이런 하찮은 자연을 보고 깨닫는 데에서 시작하여 단계적으로 향상되어야 자연의 지혜를 배우는 진정한 정치교육이 될 것이다.

　우리는 창당 작업을 5번째 하려고 준비하고 있다.
　나는 오래전부터 우리나라에 지금 닥쳤고 다가올 위기에 대해서 고민해왔다. 그 가장 큰 문제가 정치였다. 정치문제를 해결하는 방법은 간단하다. 그러나 내가 깃발을 들고 나설 여건이 어려웠다. 사람들이 의외로 현명하지 못하여 내가 깃발을 들고 나서더라도 따라올 것 같지 않은 것이다. 그러나 2015년 더 이상 기다리면 나라가 망할 것 같았다. 내가 한 알의 씨알이 되기로 작정하고 나섰다. 불의를 참지 못하는 고교동창 박찬선 민주당 위원장이 있었기 때문이다. 손학규 민주당 대표시절 정족수가 모자란 불법 전당대회를 그는 고소하였고 그와 함께 했던 85명이 있었기에 시작을 한 것이다. 그는 압박과 회유를 받으면서 계속했지만 결국 민주당의 선거를 그르칠 수가 없어서 고소를 취하했다. 대다수의 위원장들은 박 위원장과 거리를 두었고 소수는 비겁하게 그에게서 등을 돌렸다. 물론 상당수가 위원장직에서 해임되었다.
　나는 정치인을 잘 몰라서 진정한 정치인인 줄 알고 기대하면서 사람들을 만나 보았다. 그들은 정치판에서 잘렸으면서도 은근히 민주당을 바라보고 기대하면서 움직이질 않았다. 다양한 인물들을 만나서 소통했으나 유명하지 않은 나와 함께 하려 하지 않았다. 새로운 세력을 만들어야 자신의 입지가 강화될 것임에도 말이다. 공천을 안 해주는 곳을 바라보지 말고 확실한 우리 동지가 되었으면 국회의원에 당선되었을 것이다. 다시 말하면 그들은 불개미보다 훨씬 생각이 모자란 것이다. 불개미는 지혜가 있었고 모두 죽으려 했기 때문에 모두 안전하게 큰 강을 건널 수 있었던 것이다.

만난 분들에게 당신이 이 세상을 떠나서 저세상에서 하나님이 "너는 저 세상에서 내가 네게 준 것으로 무엇을 하다가 왔니?" 하시면 무어라고 대답할 것인가? "우리 식구끼리 잘먹고 잘살다가 왔다"고 대답할 거냐고 질문했다. 다수가 나의 이 말에 공감을 표했지만 정치판이 너무 혼탁하여 '새 정치'라는 말을 꺼내면서 받을 비난에 대한 자신은 없었던 것이다. 물론 내가 대표가 되려고 한 것은 아니다. 아무도 안 나서니까 단지 깃발을 먼저 든 것이다. 퇴임한 이들이라도 유명한 사람은 국정원에서 협박을 받을 것이 두려워 뒷걸음치며 편히 살고 싶은 것이다. 정치를 하려는 대다수는 새로운 세력의 주도적인 위치에서 확실한 것을 선택하기보다는 불확실한 거대 기존세력을 바라보며 구애하고 있었다.

전국을 다니면서 사람을 만났다. 가족들과 나를 사랑하는 모든 분이 왜 돈 쓰고 정치 이야기하면서 욕먹고 입당원서 받으면서 굽실거리느냐고 말린다. 지금까지 힘들게 살아왔으니 제발 좀 쉬라고 한다. 옳은 말이다. 하지만 나라가 위기로 치닫고 있는데 가만히 있을 수는 없었다. 조그만 인연의 선만 닿아도 사람을 만나러 다녔다. 서점에 가서 《장하준의 경제학 강의》와 리콴유 전 싱가폴 수상의 책을 사면서 보니 《행동으로 시작하라》는 책이 눈길을 끌었다. 함께 창당할 이들에게 책을 사서 주고 그날 밤에 행동으로 시작하라는 책을 모두 읽게 했다.

　강명숙이라는 저자는 강릉에서 미술학원을 경영하며 제자들에게 일류대학의 꿈을 심어주기 위해서 강릉에서 서울까지 비행기를 타고 월요일에 와서 금요일 밤에 가면서 다시 홍익대학을 졸업하였다. 아기는 남편이 돌봐주었다. 나는 진주를 찾은 듯 기뻐하며 이런 사람이면 무엇이든지 할 수 있으리라 생각했다. 그녀는 진정한 스승이었고 믿음을 주기에 충분했다. 수소문하여 연락하고 저자와 금요일 진료가 끝나고 강릉에서 만나기로 했다. 6시에 진료가 끝나고 유홍서 회장과 함께 8시가 지나서 만났다. 전망이 좋은 바닷가에 맛있는 음식을 주문하고 기다리고 계셨다. 물론 내가 대접하였다. 그렇게 훌륭한 분이면 모든 면에 유력할 것이나 자신이 어렵게 얻은 것을 잃을 것이 두려웠는지? 공감의 뜻은 보였지만 대답은 돌아오지 않았다. 끝나고 돌아오니 새벽 2시 반이었다. 기대를 가지고 갔다 와서인지 그리 피곤치 않게 토요일 진료에 집중할 수 있었다.

　결국 같이할 동지가 많지 않아 고수철 감리교 감독회장님이 인천시당을, 연로하신 조성국 선생님이 경기지도당을, 서울을 박찬선 공동대표가 맡고서 계속 추진하여 등록기간 6개월을 2번을 넘겨 세 번의 창당활동을 했다. 당시는 입당원서에 주민등록번호 뒷자리까지 써야 하고 언론에서 정보 보호법을 계속 보도하니 더욱 힘이 들었다.

　2019년 4번째 창당을 시작하고 놀라운 일을 체험하였다. 무명 인사인 청년과 가족이 10일 만에 1000명의 입당원서를 받았고 광주의 노오영 매형이 200매를 받아주시어 광주같이 민주당의 텃세가 심한 곳에서 초고속으로 시당이 완성되었다. 전북 익산에서는 장애인으로서 전북과 충남의 노인시설에서 하모니카 연주로 즐거움을 드리며 봉사를 하는 이용쇠 선생께서 수술치료를 받으시는 중에 150매의 입당원서를 보내셨다. 충남에서는 신순관 선생께서 여성 한 분이 350매를 받으셨다. 그 외에 여러분이 도움을 주어 조금 있으면 당이 완성될 즈음 코로나 정국을 맞아 정부가 사람을 만날 수 없게 하여 일을 완수하지 못했다. 당을 만드는 과정에서 돈을 노리고 여러 행동으로 믿지 못하게 했다. 그래도 속아 주면서 빨리 만들려고 노력했다. 심한 사람들에게는 박 위원장이 제동을 걸었다. 이런 몇 가지 사례를 보면 누구든지 노력하면 될 수 있는 가능성을 보았다.

당을 만들 때 여러 가지로 도움을 주신 강종일 박사님께서 다른 당과 합당해서 비례국회의원을 내게 하라고 하셨다. 조심스럽게 2번이나 사양했다. 기존 세력과 합당하면 개혁에 힘을 잃을까 두려웠던 것이다. 강 박사님은 다 상황을 읽고 계신 것이었다. 지금 생각하면 우리가 합당해서 국회의원을 냈더라면 지금 당을 만들고 새 정치를 하기에 수월할 수 있었을 것이다.

간단하다. 강을 건너는 불개미 떼 수준의 생각과 실천력을 보이면 어떠한 일도 쉽게 해결할 수 있다. 여러분이 나서서 민초의 정치와 주권을 찾기 위해서 창당을 위한 입당원서를 받으면 된다. 시도 당을 만들 정도의 입당원서를 받는 사람은 출마하면 반드시 당선된다. 이렇게 하면 5백만 원짜리 공무원이 되어 좋고 국민에게 봉사해서 좋다.

　우리의 주권을 찾는 일은 절대로 다른 사람이 해줄 수 없다. 자신이 나서야 되는 것이다. 나는 우리 대한민국 시민들에게 아주 작은 것을 바란다. 자신을 진정으로 사랑하고 자신을 위해 이웃을 기쁘게 하자. 거사는 아주 작은 것으로부터 시작된다. 내 한 사람의 역할을 잘해보자. 내가 죽으려 하면 부정한 권력이 우리를 손댈 수 없다. 지극히 작은 생물인 불개미는 이런 이치를 잘 알고 있다. 우리는 만물의 영장자리를 지키기 위해서 자연과 미물에게서 지혜를 배우자. 그것이 바로 새로운 나라를 만들기 위해 입당원서를 받고 자신이 출마하고 자신과 가족과 이웃을 위해 국가 공무원이 되는 것이다.

● 정직하고 욕심없는 마음에서 비롯된, 정치는 아주 쉽다
　- 공소시효를 없애면 공직자의 비리는 없어질 것이다!

　링컨은 '정직은 최선의 정책'이라고 했다. 그렇다. 정치가 어려운 것은 욕심이라는 색안경을 쓰고 보기에 세상이 이상해 보이는 것이다. 모든 것을 자기 이권과 결부시키고 만다. 어떻게 이걸 굴려야 내 잇속을 좀 더 챙길 수 있을까? 이런 잘못된 생각을 하기에 일을 그르치는 것이다. 업자들의 사업 제안이나 정부의 정책 제시가 있으면 이권이 개입될 수 있는가? 이때 관계자 누군가에게서 억대의 뇌물이라도 건네받는다면 이 정책이 승인되기까지는 이제 시간문제일 뿐이다.

　일례를 들자면 미국에서 실시하고 있는 법학 전문대학원을 비롯한 전문대학원 제도도입이 그것이다. 학생들에게 아무 이익도 없는데 수업시간 양만 늘리고 이에 따른 엄청난 학원비며 수업료만 부담시키는 결과를 초래했다. 그렇다고 이로 인해 교육의 질이 나아졌는가? 도입 초기에 갖은 감언이설을 나열하면서 전문대학원 도입

의 당위성을 궤변처럼 늘어놓았지만, 결국 의학전문대학원은 의과대학 출신들보다 실력이 퇴보해서 의과대학으로 회귀할 수밖에 없었다. 그런데 아직도 3개의 대학은 학비를 많이 받기 위해 의학전문대학원을 계속 유지하고 있다. 이미 증명된 사실이거늘 대학이 장사하기 위한 꼼수임이 분명해졌다. 이쯤 되면 교육 당국이 입증사실을 들이대며 재빨리 의과대학원을 폐지하고 대학으로 환원하도록 명해야 하는 것 아닌가? 이런 명령을 내리지 않는 것이 어딘지 석연치 않다. 정말 답답할 노릇이다. 조속히 학위장사 제도를 도입할 당시의 교육관계자들, 즉 교육부의 관리, 국회의 교육부관련 전문위원, 상임위 소속 국회의원의 계좌를 전부 수사해보면 어떨까?

그뿐인가, 관급공사는 거의 대부분이 공사 중에 설계를 변경신청해도 그냥 통과된다고 한다. 공사비를 줄이기 위한 무슨 뒷거래가 있었는지 살펴볼 일이다. 여기에 국민의 지혜가 필요한 것이다.

정치는, 자기 사랑이 있으면 더 쉬워진다. 자신이 내는 세금이 어디에서 새나가는지, 어디서 누가 허투루 국민세금을 개인이득으로 착복하고 있는지 살펴볼 일이다. 공동의 이익과 모두의 행복을 위한 선한 마음, 정직한 마음으로 세상을 바라보고 일을 행하면 이루지 못할 일이 없다. 늘 관계자들의 이권 개입이 문제다.

무슨 일이든 국민이 원하는 사업을 벌이면 일이 쉬워진다. 문제는 국민이 원치 않는 전시 행정이나 표를 얻기 위한 헛짓을 하니까 필요없는 사업에 막대한 국가재정을 쏟아붓고, 그 시설유지를 위한 재정금이 지속적으로 새나가는 것이다. 대표적인 예가 신안 흑산공항이다. 2008년부터 추진된 흑산도 소공항 건설은 13년째 답보(踏

步 : 상태가 나아가지 못하고 한자리에 머무르는 일) 상태로 정지되어 있다. 표를 얻기 위해서 쓸데없는 공항을 세우고자 했던 것이 골칫덩어리가 된 것이다. 반면 부산 가덕도 신공항은 법안 발의 3개월 만에 무사통과라니, 이 또한 지난해 2021년 4월 부산시장 보궐선거를 눈앞에 둔 정치권의 이해관계가 얽힌 결과이고 보니 씁쓸할 따름이다.

부산 가덕도 공항 역시 승산없는 공항건설이다. 이제 세계적인 항공사들은 승객이 많은 주요 노선에만 항공기를 취항하여 적자를 면하려 하고 있다. 바보가 아닌 이상 지선(支線 : 철도·수로·통신망 따위의 본선에서 갈려 나간 선)에 취항하지 않는다.

양 거대 정당은 어제도 오늘도 매일 말도 되지 않는 공약을 내놓는다. 듣고 있으려니 화가 날 정도이다. 과거에 내어놓은 화려한 공약이 다 지켜졌으면 지금 공약할 것이 무엇이 있겠는가? 선거가 지나면 없었던 것으로 무마되는 사기 공약들에 불과하다.

무엇보다 이 시점에서 중요한 것은, 일정규모 이상의 사업이나 정책도입, 제도변경 등을 할 때는 반드시 유권자의 특정비율 이상의 찬성을 받아서 실시해야 한다는 점이다.

그래서 다시 호소한다. 정치는 쉽다!

정직하고 욕심을 내지 않으면 국민이 반대하지 않는다. 또 국민이 원하는 일을 하면 국민이 반발하지 아니하고 일 잘한다고 칭찬할 것이다. 또 중간에 틀렸다고 판단되면 빨리 자신의 잘못을 시인하고 바르게 원점으로 궤도를 돌려놓아야 한다. 앞으로 정치를 쉽지 잘하기 위해서는 새로운 정책을 시행하기 전, 사업관계자들의 친인척 계좌를 조사하고 사업시행 1년 후에라도, 그리고 언제든지 불시에 비리가 있는지 조사하길 바란다. 깨끗하면 백 번 조사한들 무슨 상관이 있겠는가? 조사에 불만을 제기하거나 반대하면 그건 문제가 있다는 얘기다.

공직자의 비리는, '공소시효'만 없앤다면 이런 부조리를 근절할 수 있을 것이다.

- **똑똑한 시민은 자기 방어권부터 찾는다**
  - OECD국가 중 우리나라만 사립탐정제도가 없다
    조속한 사립탐정제도 도입을!

우리나라는 억울한 일을 당해도 '자기방어'를 원천적으로 금하고 있다. 그래서 시민들은 막대한 피해를 입어도 가만히 있어야 한다. 그러니 억울한 사람이 많아져 자살률 1위라는 불명예를 안았다. 이제 국민 일개인의 '맞대응 정당방위'를 인정해야 한다.

자기방어를 위해서는 세 가지가 허용되어야 한다. (최자영의 《거짓말공화국》 인용)

첫째, 맞대응 전략이다.

맞대응이 폭력을 조장하거나 끝없는 폭력으로 이어지기보다는 폭력 자체를 억제하는 역설적인 효과가 있을 수 있다. 내가 폭력을 행사하면 상대방도 같은 방법으로 대응할 것이라는 기대치가 나의 폭력행사를 반성하고 억제하는 효과를 가져오기 때문이다.

자기 또는 타인의 법익에 대한 현재의 부당한 침해를 방위하기 위한 상당한 이유가 있는 행위를 말한다. 어느 누구도 부당한 침해를 감수할 의무는 없다. 이러한 취지를 규정한 것이 형법 제21조의 (정당방위) ① 자기 또는 타인의 법익에 대한 현재의 부당한 침해를 방위하기 위한 행위는 상당한 이유가 있는 때에는 벌하지 아니한다. ② 방위행위가 그 정도를 초과한 때에는 정황에 의하여 그 형을 감경 또는 면제할 수 있다. ③ 전항의 경우에 그 행위가 야간 기타 불안스러운 상태하에서 공포, 경악, 흥분 또는 당황으로 인한 때에는 벌하지 아니한다. 정당방위이다. 따라서 정당방위행위에 의하여 상대(침해자)를 죽이거나 상하게 하여도 살인죄나 상해죄 등은 성립하지 않는다. 이것이 위법성조각사유의 전형적인 것이다.

 그런데 이 정당방위가 되려면 세 가지의 요건이 필요하다. 첫째, 현재의 부당한 침해가 존재해야 한다(정당방위 상황). 과거 또는 미래의 침해에 대하여는 정당방위가 허용되지 아니한다. 따라서 밤마다 술을 도둑질당하기 때문에 그 보복으로 술병에 독을 넣어두는 것 같은 경우에는 정당방위가 성립하지 않는다. 침해는 실해實害뿐 아니라 위험도 포함한다. 둘째, 자기 또는 남의 권리를 방위하기 위한 것이 아니면 안 된다. 여기서 말하는 권리는 법적으로 보호되는 이익이라는 넓은 의미이다. 또 방위한다는 목적이 없어서는 안 된다(주관적 정당화 요소). 셋째, 부득이한 것이어야 한다. 이것은 긴급피난과 달라서 다른 수단·방법이 없었다는 경우이었음을 요하지 아니하고 필요부득이한 것이었다는 것으로 족하다.

정당방위에 대한 이유를 제기할 수 있는 조건이 붙어 있는 문항을 삭제해야 한다. 단순하게 정당방위였다면 그것으로 족해야 한다. 정당방위로 죽을 수 있음을 알면 아예 가해를 하지 않는 사회적 분위기가 형성되어 인간관계가 평화롭게 유지될 것이다.

둘째 '타인구조 금지' 원칙을 개정해야 한다.

정당방위에 대한 법이 위와 같이 개정되어 법리적으로 다툴 여지가 없어지면 누구나 남이 어려움을 겪을 때 뛰어들어 구해줄 수 있게 된다. 이렇게 정당방위에 대한 타당성을 법이 먼저 인정해주면 위태로운 상황에 처한 약자를 외면하지 않고 약자를 구해주며 범죄도 현저히 줄어들게 된다. 법에 조항을 많이 달면 그것이 타인구조금지 원칙이 되어진다. 한국인들로 하여금 남의 불행과 억울함에 무관심으로 일관하는 풍토가 사라질 것이다. 자기밖에 모르던 사람이 남의 처지에 관심을 가지는 사람들이 늘어날 것이다. 한국사회에 팽배해 있는 이기주의와 야만성이 줄어들 것이다. 시민 간의 유대를 저해하는 이같은 실정법은 식민지배와 독재권력의 잔재이다. 단체로 독재에 저항하지 못하도록 단서 조항을 붙인 것이다. 보신주의로 흐르는 무기력함을 경계해야 한다.

타인을 구조하다가 입힌 피해는 정당방위로 인정되어야 한다. 그래야 이웃이 어려움을 당할 경우 앞서 나서는 의인이 많아지고, 이웃에게 함부로 폭력을 가하는 일이 없어질 것이다. 또 남을 구하다 입은 피해는 국가재난기금으로 충분한 보상이 이루어 지도록 해야

이 법이 제대로 효력을 발휘할 수 있게 된다.

셋째, 민중은 공권력의 부당한 행사에 맞서서 저항하도록 해야 한다.
부당하게 행사되는 공권력에 저항했을 때 옳고 그름이 주민의 발의에 의해서 국민투표로 부쳐 그 시시비비를 가려야 한다. 지금까지의 행태로 보아 이것도 국회에 맡겨놓으면 정쟁만 하게 된다. 바보가 아니면 알 수 있는 것도 서로 반대를 위한 반대에 부딪히게 마련이다. 부당한 공권력에 정당하게 저항하다가 피해를 입었을 경우도 국가재난기금에서 보상받도록 해야 한다. 맞대응의 수위는 공권력이 얼마나 잘못 행사되고 있는가, 그 정도에 비례하여 결정되어야 한다. 다음은 일제강점기, '빼앗긴 나라와 자유를 찾기 위해서 행하는 모든 수단은 정의롭다'고 선언하는 신채호의 의열단 선언문의 내막을 살펴보자.

1922년 상해 "세관 부두의 다나카 저격 사건에 대해 임시정부는 하등의 관계가 없으므로 저들의 행동에 절대로 책임지지 않는다"고 성명을 발표하였다.
이때 의열단은 자신들이 무차별적 테러단체가 아니라 명확한 이념과 목표를 가진 혁명단체임을 천명하였다. 신채호는 의열단 선언문에 "강도 일본이 우리의 국호를 없이하며, 우리의 정권을 빼앗으며 우리의 생존조건의 필요성을 다 박탈하였다. 식민지 민중이 빼앗긴 나라와 자유를 찾기 위해서 행하는 모든 수단은 정의롭다"고 선언했다.

당시 신채호는 '민중'과 '폭력'을 혁명의 2대 요소로 내세우고 '이민족통치', '경제약탈제도', '사회적 불균형', '노예적 문화사상'을 파괴 대상으로 규정했다.

나라를 도둑맞은 상황에서 '강도 일본'을 대상으로 '빼앗긴 나라를 되찾기 위해 행하는 모든 수단은 정의롭다'고 선언하는 신채호 선생의 모습이 눈에 선하다. 그런데 지금의 현실은 어떠한가. 이명박, 박근혜 이하 뉴라이트 집단은 안중근 의사를 '테러리스트'로 규정하고 역사를 왜곡함은 물론이고 교과서까지 뜯어고치려 했다. 목숨 바쳐 빼앗긴 나라를 되찾으려 노력했던 숭고한 애국자의 행위조차 매도, 날조하려는 이들의 작태는 친일을 넘어선 국가를 팔아먹는 매국노 행위나 다름없다.

결국, 부당한 행위에 맞서 대항하는 '정당한 자기 방어권'이 제대로 이행되려면 '사립탐정제도' 도입이 절실하다. OECD국가 중 우리나라만 사립탐정제도가 없다. 항상 수사인력이 부족하여 부실수사로 이어지는 우리나라에 시급히 도입해야 할 제도이다. 사립탐정제도가 도입되면 경찰은 우리의 안전에 더 치중할 수 있게 된다. 사립탐정을 고용하지 못할 경우는 국선 탐정이라도 나설 수 있게 해야 한다.

이렇게 하면 국선 탐정도 정의를 수호하고 유명해지기 위해 열심히 수사하게 된다.

탐정제도 도입으로 뉴스가 왜 나왔는지 취재원을 조사하면 가짜 뉴스를 차단할 수 있다. 수사기관에서 더 치밀하게 조사하게 될 것이고 범죄의 실태가 쉽고도 명확하게 해결됨으로 인해 부실수사가 없어질 것이다. 억울한 사람이 없어지고 범죄 자체가 현저히 줄어들 것이다.

탐정探偵은 의뢰자의 요청에 따라 사건, 사고, 정보 등을 조사하는 민간조사원이다. '탐정'이란 단어는 일본에서 영어단어 Detective(디텍티브) 또는 Private Investigator(프라이벗 인베스터게이터)를 한자로 번안한 것이다. Private Investigator의 약어인 'PI'를 사용하기도 한다. 사립탐정私立探偵이라고도 한다. 한편, 영미권에서는 'Private Eye(프라이벗 아이)'라 표현하기도 한다. 영어 Detective는 국가 또는 민간의 사건 조사를 하는 자를 의미하는데, 국가공무원인 경우에는 형사, 민간인인 경우에는 탐정으로 번역되고 있다.

탐정 등 민간인은 형사소송법상 법원의 영장에 의한 강제수사권이 없기 때문에, 오직 법원의 영장이 불필요한 임의수사만 할 수 있다. 보통 검찰, 경찰, 청와대, 법무부, 감사원 기타 행정기관들을 내사(內査, 수사개시 이전단계)를 자주 하는데, 내사는 보통 법원의 영장을 받지 않는 임의수사만을 한다. 사립탐정은 이러한 내사만 할 수 있다. 이것도 보완되어야 할 사항이다. 물론 공권력이 압박을 가하지 않는 범위 내에서 자격증 제도와 관리가 필요하다. 탐정교육을 받은 누구나 탐정이 될 수 있고 등록제로 시행해야 할 것이다.

자기방어를 할 수 있고 타인을 위한 방어권 행사와 부당한 공권력에 대한 저항을 할 수 있어야 진정한 민주국가가 될 수 있다. 그러면 부당한 공권력을 행사하지 않을 것이다. 개인 간에는 약자를 괴롭히고 왕따시키는 일이 없어질 것이다. 탐정제도 도입으로 부실수사가 없어지고 억울한 사람이 없어지면 재판 건수도 10분의 일 이하로 줄어들 것이다. 강한 자들이 약한 자를 더 이상 해하지 않는 사회가 조성되기에 부당한 일을 당하는 두려움, 억울함이 없는 행복한 나라가 될 것이다.

- 부패를 청산하는 당과 부패정당(국힘, 민주당) 중 운명 선택
  - 정치연구소, 지구당 운영, 당선자 교육을 통해 올바른 정치의 길로 인도

이번 대선은 다음 두 가지 중 한 가지를 선택하는 것이어서 아주 쉽다.

좋은 당과 나쁜 당 중의 선택,

국가경영에 대책이 있는 당과 대안없이 공약 남발하는 정당 중,

국가경영 교재가 있는 당과 없는 당,

무슨 일이든 국민의 뜻대로 하는 당과 국민을 무시하는 당,

재벌의 뒷돈 받지 않는 당과 받는 당,

엘시티와 부산 저축은행, 대장동의 윤석열 후보와 대장동의 이재명 후보 사건을 검찰이 조사하면 믿을 수 있겠는가? 이들과 다른 국민이 직접 조사할 수 있는 당을 뽑는 것이다.

국민을 사랑하는 당과 편 가르기 정당 중 선택,

선거비용 안 쓰고 본전 뽑지 않는 당과 많이 써서 본전 뽑는 당의 대결,

판사, 검사가 잘못하면 처벌받는 나라를 만드는 당을 뽑아야 하는 선거이다.

자신을 방어하는 '정당방위'와 '사설탐정제'를 도입하는 당을 뽑는 선거이다.

국가경영 대책이 없이 다른 당을 헐뜯고 실현 가능성이 없는 선심성 공약만 남발하면 어떻게 지금보다 나아지겠는가? 재벌의 뒷돈을 받았으면 반드시 갚아야 한다. 갚으려면 비리를 저지르지 않을 수 없는 구조 속에 갇힌다. 국민을 무시하여 국민의 의사를 묻지 않고 마음대로 정책을 실시할 때 잘못될 가능성이 훨씬 높다. 우리는 항상 국민의 뜻을 묻고 정책을 실시할 것이다. 우리 당처럼 오래 준비한 국가경영전략을 가지고 있어서 우리나라의 가장 문제되는 부분을 고치면 근본적인 개혁이 이루어진다.

정치 입문자들은 자신과 이웃을 사랑하는 봉사자들이어야 한다. 대표란 지역주민인 유권자들의 사연을 듣고 해결하는 직책이다. 오늘날처럼 권력의 자리에 군림君臨하기 위한 직책이 아니다. 선출된 자들은 봉사자의 자세를 가지고 기본적으로 모든 문제를 내 문제로 여기는 이웃사랑의 마음이 있어야 한다. 약자들이 어떤 고통을 받고 있는지 세심하게 관찰하며 수시로 시민들과 소통해야 한다. 이렇게 하려면 그들과 함께 생활해보고 같은 일에 동참해 보아야 한다. 이 어지러운 나라를 바로 세우기 위해 술 마시고 한가하게 보낼 시간이 없을 것이다.

동네 의사인 나도 전인치료를 하려면 환자의 경제사정이 어려우면 어떻게 국가의 혜택으로 치료받을 길이 있는지 그 길을 안내하고 마련해 주어야 한다. 가족 간의 관계에 문제가 있으면 문제를 풀어주기 위해 가족상담에 응해 주어야 한다. 자녀들의 문제가 있으면 같이 해결하기 위해 노력해야 한다. 하물며 그 많은 지역주민의 문제를 해결하려면 얼마나 바쁘게 일해야 할 것인가? 사무실을 열어놓고 수시로 지역주민이 드나들 수 있고 자신들의 아픔을 털어놓을 수 있어야 한다. 그리고 정당과 정치가 주변에는 놀고먹는 사람이 많다. 부패가 많다는 것이 아닌지? 일하지 않고 돈 벌고 놀고먹는 것은 삶의 의미가 없고 결국 파멸의 길로 이끌 것이다. 물론 처음에는 달콤한 쾌락을 주겠지만 말이다. 이제 직접민주주의 정치에 눈을 떠서 새 정치에 동참하도록 함께 노력하자. 우선 다음과 같은 방식으로 일개인이 직접 정치에 참여할 수 있도록 정치입문자들을 끌어모아야 한다.

◆ 시민 공천으로 정치입문자들을 선발해야 한다

광고를 통해 정치 입문자들을 광고하여 당으로 초대한다. 그리고 지역주민에게 누구든지 와서 당에서 봉사할 자리를 마련해야 한다. 직책에 임명하거나 후보를 낼 때는 자신의 지역에서 기간을 정하여 권리당원의 입당원서를 많이 받은 사람에게 점수를 많이 주고 10점 이내의 차이가 있을 때는 공천위원회를 열어서 피상적이지만, 그 사람의 인간성에 대한 평가를 통해 결정한다.

또는 먼저 위원회에서 두 사람을 뽑고, 기간 내에 권리당원의 입당원서 숫자를 많이 받아낸 사람으로 결정하는 방식으로 진행한다. 순서를 바꾸는 방법도 있을 것이다. 이것이 시민 공천이다. 그러면 공정한 공천이 되고 당세가 커지게 된다. 예를 들어 대선이 있어 선거가 겹칠 때는 그 지역의 지지율이 후보자의 득표비율 이상으로 된 사람을 우선 공천하고, 기준에 미치지 못한 지역 대표는 새로 공천한다. 다시 말해 자당의 대선 후보가 60%로 당선되었는데 특정 지역구에서 공천을 받았던 사람 지역에서 60% 이상 득표한 곳은 재공천이 되고, 미치지 못한 곳은 새로 입당원서를 받아서 처음처럼 공천한다. 구의원, 군의원, 시의원, 도의원, 구청장, 군수, 시장, 도지사, 국회의원 공천도 같은 방법을 따르면 될 것이다. 이렇게 할 때, 때마다 시민들의 뜻에 따라 올바른 공천이 이루어지고, 이들이 공천헌금을 내서 공천받은 사람들을 이기고 당선되게 된다.

◆ 시민과 출마자들의 사전교육이 필요하다

정당 조직에 교육국을 설치하여 모든 시민에게 정치는 무엇이며 정치가 얼마나 중요한 것인지를 알려야 한다. 왜 관심을 가져야 하며 무관심할 때 우리에게 오는 피해가 무엇이며 얼마나 큰 것인지 알게 해야 한다. 우리가 왜 새로운 정당을 만들어야 하며 기득권 정치를 퇴출해야 하는지를 알려야 한다. 기존 정당에 하나 덧대기, 보태는 정당은 이제 의미가 없다.

선거는 기득권 정당 대 새로운 정당의 구도로 치러져야 한다. 시민과 정치지망생들을 지속적으로 교육할 때 우리나라의 시민정치의 의식수준이 올라가고, 선출된 자들이 유권자들을 무서워하고 잘 섬길 수 있는 민주정치가 정착할 수 있다. 우리가 주인이라는 의식을 가지고 무엇을 위해 정치에 참여하는가를 확실히 알게 된다. 내가 안 하면 대신해서 우리의 빼앗긴 주권과 정치를 찾아줄 사람이 없기에 국민 각자가 당비를 내어 당을 튼튼히 만들어야 한다. 그 중에 본인들이 직접 후보로 출마하거나 좋은 후보를 당선시켜야 됨을 알게 되는 것이다.

구시대 정당들을 퇴출할 수 있게 되면 세상 모든 나라에 백성이 존중받는 직접민주주의가 확산되어 전 세계를 행복하게 할 것이다. 다시는 독재자나 불의한 자들이 출현하지 못하도록 기여하게 될 것이다. 국민이 주인인 직접민주주의를 실천, 실현하기 위해서는 자체 지구에 운영기관을 두어 지속적인 정치교육이 이루어지도록 노력해야 한다.

◆ 정치연구소 설치

지역유권자들의 불만, 희망사항 등을 듣다보면 해결방법이 나오고 어떤 법을 만들어야 할지 파악하게 된다. 그리고 직접적인 문제해결을 위한 방법 모색을 위한 회의를 끊임없이 열어야 한다. 정치연구소를 두어 이것을 체계화하여 정책을 만들고 법률을 만들도록 한다. 선진국의 법률 체계를 연구하고 우리나라의 독재자들과 그 잔재들이 만들어놓은 악법들을 밝혀내어 완전히 새로운 법을 만들어야 할 것이다.

 또한 모든 명령과 규칙, 지방자치조직의 조례를 순차적으로 연구하여 나라가 잘 짜여진 조직에 의해 저절로 굴러갈 수 있도록 만전을 기해야 할 것이다.

 그동안 정치권은 말도 안 되는 억지를 부리며 자신들의 이권을 지키고 키워나가기 위한 당파싸움에 치중했다. 뚜렷한 실적 없이 그 피해는 고스란히 시민에게 돌아오는 득이 없는 정치를 해왔다. 게다가 지방자치 의원들까지 앞다투어 세비 내지는 보수를 올려놓아 막대한 혈세를 지출했다. 정치연구소가 있고 양심이 있는 연구원들의 발언과 입증자료 법 개정의 절실함 등에 대한 발표 등이 있었다면 정치가 이렇게 엉망이 되지는 않았을 것이다.

◆ 지구당 운영 부활

 지구당을 폐지함으로 인하여 현역 국회의원만 정치활동을 할 수 있는 제도로 정치의 공정화나 활성화에 역행한다는 주장이 있다. 일부 국회의원들이 지구당 부활의 발의를 준비하고 있다. 지구당제도가 부활하면 위원장을 중심으로 꾸준히 경쟁적으로 지역구민을 위한 활동이 이루어질 것으로 생각된다. 물론 어느 당이건, 현역의원이 아니어도 사무실을 낼 수 있을 것이다. 비용을 적게 들이기 위해 가정에 사무실을 낼 수도 있다.

◆ 당선자들의 교육

　대통령 후보로부터 모든 출마자들의 사전교육이 필요한 만큼 당선자들의 교육이 필요하다. 당선자 직책이, 그 위치와 신분이 얼마나 중요하며, 무슨 일을 하는 것이며, 어떻게 일을 해야 할 것인지 자세한 교육이 필요하다.

　이런 교육은 의무적으로 이수하도록 해야 할 것이다. 그동안에는 교육이 없어서 대통령의 법적인 위치는 무엇이며 무엇을 하는 자리인지 그 진정한 자리의 중요성을 깨닫지 못했기에 그 행위에 위배되는 일들을 감히 자행했을 수도 있으리라.

　세월호 사건을 상기해보자. 세월호가 침몰하고 있고 침몰하고 있는 배를 아무도 구하지 않고 방송에서 생중계하고 있는데 그 당시 대통령은 어디에 있었는가? 귀하고 귀한 단원고 학생 325명을 포함해 476의 승객이 빠져 죽고 있는 상황을 온 국민이 지켜보고 있는데, 군대에 명령해서 동원해 구했으면 충분히 다 구하고 남았을 텐데…… 304명이 사망하는 참사를 지켜보고만 있었다. 대통령은 어디 숨어서 무슨 일을 하고 있었단 말인가? 대통령이 무의식 상태로 있었으면 국무총리는 무엇을 하였고 국방부장관은 상부에서 명령이 없다고 그 중계방송을 보면서 그렇게 가만히 있어야 했는가? 만약 외국군이 쳐들어 왔다면 위에서 명령이 없다고 그렇게 계속 피폭을 당해도 가만히 있을 수 있었겠는가? 과연 해양경찰대장은 직접 학생들을 구조하라, 명령을 내릴 수 없었던 상황인가? 비서실장은 무엇을 하고 있었고 국가 비상기획실장은 무엇을 하고 있었는가? 왜 그 기나긴 시간 동안 많은 시민을 죽음으로 몰아넣은 사람들에게 한 사람도 책임을 묻지 않는가?

　이것은 5·18 민주화운동때처럼 '발포' 하는 것도 아니고 재난에 처한 귀한 시민을 구하는 일이기에 명령 없어도 구조했어야 마땅하고 시민을 구조했다고 처벌받지도 않는 상황이었다. 그런데 그 문제로 지휘체계에 있었던 간부가 단 한 사람이라도 책임지고 감옥에 갔는가? 대통령이 없을 때는 순차적으로 책임을 지는 법이 있다. 당시의 집권세력과 여당은 무엇을 그리 숨기는가? 당당하면 내막을 밝혀야 될 것이 아닌가? 당시 '가만' 히 있었던 그 사람들은 최악의 나쁜 사람들이니 나중에 처벌받아 마땅하거늘, 야당은 또 무엇이며 검찰은 무슨 수사를 했고 판사는 재판을 어떻게 종결했는가? 한 국가가 여전히 비상사태를 맞고 있다. 사고 후의 모든 행태를 보면 국가의 모든 조직이 와해인 비상사태를 맞고 있는 게 분명한데 마치 그 문제가 모두 끝난 것처럼 조용하다. 무엇이 바뀌었는가? 아무것도 바뀌지 않았다.

　지금이라도 이렇게 책임을 져야 할 지휘체계에 있는 모든 자들을 추궁하고 벌을 줘야 할 것 아닌가? 모두 다 기본을 모르고 있는 사람들이다. 아니면 알면서도 불의와 타협하고 진실을 외면한 채 자신들의 이득과 권력을 움켜쥐려는 탐욕에 눈먼 자들에 불과하다.

　누군가 한 마디의 명령도 할 수 없었던 것은 '구하지 말라' 는 명령을 내린 것은 아닌지? 거기에 왔던 해양경찰대나 헬기는 지키면서 다른 구조요원들을 불러서 같이 구하려 노력했다면 단 한 사람도 희생되지 않았을 텐데, 상부 전화를 받고 되돌아간 이유는 무엇일까?

　대통령은 국가 제일의 공복이다. 대통령이느 국무총리 한 사람이 ㄹ도 직접 현장에 나와서 구조하는 데 같이 참여했어야 할 것 아 닌가? 굳이 명령체계에 들지 않은 어부들을 들먹거리며 거창한 법 을 따지지 않아도 될 정도로 기본이 안 된 행동들이었다. 기본교육 ㅇ 안 되어 있기에 그런 크고 작은 일을 주도적으로 해결하지 못했 을 것이다. 구하지 말라고 했어도 군대와 경찰 모두 명령을 어기고 서라도 구했어야 되는 것 아닌가? 그래서 국정농단이 있었던 것 아 닌가? 대통령은 사람들 불러모아 놓고 동네 아줌마가 국가비밀을 떡 주무르듯 마음껏 만져댔다. 또 대통령보다 높은 사람들이 있다 는 어처구니없는 보도와 소문이 떠돌았다. 그 여자는 고위직에 있 는 사람들까지 마음대로 명령하고 부렸다. 관리들도 그 앞에서 쩔 쩔매며 잘 보이려고 애를 썼다. 말이 되는가? 출근도 안 하고 위 기 상태를 제대로 보고도 하지 않고 알지도 못하고 7시간씩이나 행 방불명(?) 되었다. 대통령의 행방을 밝힐 수 없는 상태나 무의식 상 태에 있었다면 국무총리가 벌을 받아야 한다. 왜 이런 것은 아무도 밝혀 주지 않는지? 독재 시대에 만들어놓은 법 때문에 검사들이 제 대로 수사하지 않고 시간을 끌지 않았나 생각된다. 이것도 쉬운 해 결을 어렵게 만든 일이다.

　'명예훼손죄'를 처벌하는 나라는 많지 않다. 명예훼손죄는 부패 를 조장하는 법이다. 현행 한국 형법에서는 사실적시 명예훼손한 자는 형사처벌을 받게 되어 있다. 제307조 "공연히 사실을 적시하여 사람의 명예를 훼손한 자"는 처벌을 받는다고 한다. 사실일 경우 처벌하지 않도록 형법을 개정해야 한다. 이 경우는 제309조와 함께 공익에 관계된 경우는 포상하도록 해야 부패가 사라진다.

　우리나라는 교육수준이 높아서 누구나 국회의원도 할 수 있다. 문제는 양심만 붙들고 있으면 잘 해결된다. 새로운 정치는 간단하다. 국민 각자가 만든 당에서 공천헌금을 받지 않고 지역구 주민들이 자원봉사자로 나서면 될 것이다. 모든 선거에서 우리가 주역이 되어야 할 것이다. 공당은 위와 같이 체계적으로 조직을 갖추어야 한다. 시민들과 출마자들에게 정치는 이런 것이다. 교육을 잘하고 주민들을 잘 받들고 섬기게 해야 한다. 국가를 위해서 국민, 주민을 위해서 봉사하고 희생하는 마음이 바로 섰을 때, 그때부터 정치가 쉬워진다. 국민이 정치에 직접 참여하는 직접민주주의 정치의 실현! 이때부터 정치가 쉬워지고 국민이 주인이 되는 민주국가가 될 것이다.

선거, 치열함을 벗고 축제가 되다

부마항쟁 촉발자와
광주를 피로 진압한 자들을
처벌할 수 있다

"빨갱이"란 단어의 유래
(우리를 조직적으로 괴롭힌 역사적인 사건)

　불의한 자들이 집권하고 권력기관에 등용된다면 국민의 삶은 짓밟히고 말살된다. 다른 나라의 지배를 받고 살았을 때보다 더 많은 백성이 희생되고 괴로움을 겪었다. 다른 나라의 지배를 받았을 때는 우리가 잘못하지 않았고 깨끗함이 증명되었다. 그런데 불의한 자들이 집권하면서 더 많은 고통을 당할 뿐 아니라 죄짓지 않고 중죄인의 누명을 뒤집어쓰게 되는 것이다.

　왜냐하면 자기들을 정당화시키기 위해 중죄를 뒤집어 씌워 폭도나 반국가적인 사람으로 만들기 때문이다. 여기에 언론까지 가세해서 지속적인 보도를 통해 확인과 각인을 시켜 못을 박는다. 또 탈바꿈 친미 세력과 자기가 태어난 지역의 사람들을 동원해 지역감정을 불러일으키고 사실화시킨다. 그래서 다른 정권이 사실을 밝히고 국가에서 죄를 벗겨 주어도 죄의 굴레에서 벗어날 수가 없다. 죄없이 가족이 죽고 고통받은 것도 억울한데 계속 나쁜 사람으로 낙인

찍히면 그 형편이 어떻겠는가?

나는 1979년 2월부터 1982년 4월 30일까지 군 복무를 하면서 전방의 야전병원에서 전방의 GOP와 군사 분계선 안의 GP 부대에 순회 진료를 다니면서 분단의 뼈아픈 광경을 눈으로 보며 2년간을 그렇게 지냈다. 크게 부르면 북한군과 아군이 서로 대답하고 간단한 대화를 나누기도 하였다. 수색대가 순찰할 때는 서로 마주치기도 한다. 막히지만 않았다면 양쪽 청년들이 함께 할 수 있었을 텐데. 가까운 곳을 막아 놓고 왕래를 할 수 없다는 것이 때로는 가슴이 답답하고 아려왔다. 이 불의한 자들을 생각하며 주먹을 불끈 쥐다가 앞으로 이것을 어떻게 해결할 것인가? 깊은 생각에 빠졌다.

우리를 조직적으로 괴롭히고 빨갱이라는 신조어를 만들어 정당한 요구를 하는 선량한 시민을 괴롭힌 사건을 살펴보기로 하자.

제주도의 4·3 사건은 제주도의 고립된 섬의 환경에서 일어난 일이라 입소문도 타기가 힘들었다. 1947년 3월 1일부터 1954년 9월 21일까지 제주도에서 발생한 남로당 무장대와 토벌대 간의 무력 충돌과 토벌대의 진압과정에서 다수의 주민들이 희생당한 사건이다.

광복 직후 제주 사회는 6만여 명 귀환인구의 실직 난, 생필품 부족, 콜레라의 창궐, 극심한 흉년 등으로 겹친 악재와 미곡정책의 실패, 일제 경찰의 군정 경찰로의 변신, 군정 관리의 모리(謀利) 행위 등이 큰 사회문제로 부각되었다.

1947년 3월 1일, 3·1절 기념 제주도대회에 참가했던 이들의 시가행진을 구경하던 군중들에게 경찰이 총을 발사함으로써 민간인 6명이 숨지는 사건이 발생했다. 민초가 사냥감인가? 독재자들이 사용하는 상투적인 방법이 민초들을 자극을 해서 민중의 봉기가 되도록 만드는 것이다. 서청과 경찰이 선량한 시민이라면 이렇게 무자비하게 고문하고 진압하지 않았을 것이다. 3·1절 기념행사를 하는데 구경 나온 사람이나 민생고가 심함을 알리려는 사람이 무슨 잘못이 있어 발포하고 집단 사살을 한단 말인가? 이에 남로당 제주도당은 조직적인 반경찰 활동을 전개했고, 제주도 전체 직장의 95% 이상이 참여한 대규모 민·관 총파업이 이어졌다. 미군정은 경찰의 발포보다는 남로당의 선동에 비중을 두고 강공정책을 추진했다. 이것들이 사람인가? 우리나라 사람인가?

도지사를 비롯한 군정 수뇌부들을 모두 외지인으로 교체했고 응원 경찰과 서북청년회원 등을 대거 제주로 파견해 파업 주모자에 대한 검거 작전을 벌였다. 한 달 만에 500여 명이 체포됐고, 1년 동안 2,500명이 구금됐다. 서북청년회(이하 '서청')는 테러와 횡포를 일삼아 민심을 자극했고, 구금자에 대한 경찰의 고문이 잇따랐다. 1948년 3월 일선 경찰지서에서 세 건의 고문치사 사건이 발생해 제주 사회는 금방 폭발할 것 같은 위기 상황으로 변해갔다.

1948년 4월 3일 새벽 2시. 총성과 함께 한라산 중허리의 오름마다 봉화가 타오르면서 남로당 제주도당이 주도한 무장봉기의 신호탄이 올랐다. 350명의 무장대는 이날 새벽 12개의 경찰지서와 서청 등 우익단체 요인들의 집을 습격했다. 무장대는 경찰과 서청의 탄압중지, 단독선거·단독정부 반대, 통일 정부 수립촉구 등을 슬로건으로 내걸었다.

선량한 국방경비대 제9연대의 김익렬 중령은 경찰·서청과 도민의 갈등으로 발생한 사건에 군이 개입하는 것은 적절치 않다며 귀순 작전을 추진해 4월 말 무장 대측 책임자 김달삼과 평화협상을 벌였다. 그러나 대동청년단원이 일으킨 오라리 방화사건으로 평화협상은 결렬되고, 제9연대장은 교체되었다. 미군정은 제20연대장 브라운 대령을 제주에 파견하여 5·10 선거를 추진했다. 대동청년단원들은 누구인가? 서북청년단은 누구인가? 우리나라의 근대사 중에 제일 중요한 사건이 이 사건이다.

5월 10일, 전국 200개 선거구에서 일제히 선거가 실시되었다. 그러나 제주도의 세 개 선거구 가운데 두 개 선거구가 투표수 과반수 미달로 무효 처리됐다. 제주도가 남한에서 유일하게 5·10 선거를 거부한 지역으로 역사에 남게 되었다. 결국 5·10 선거 후 강도 높은 진압 작전이 전개됐다.

이승만 정부는 10월 11일 제주도에 경비사령부를 설치하고 본토의 군 병력을 제주에 증파시켰다. 1948년 10월 17일 제9연대장 송요찬 소령은 해안선으로부터 5km 이상 들어간 중산간 지대를 통행하는 자는 폭도 배로 간주해 총살하겠다는 포고문을 발표했다. 포고령은 소개령으로 이어졌고, 중산간 마을 주민들은 해변마을로 강제 이주됐다.

11월 17일 제주도에 계엄령이 선포된 이후, 중산간 지대는 초토화의 참상을 겪었다. 11월 중순께부터 이듬해 2월까지 약 4개월 동안, 진압군은 중산간 마을에 불을 지르고 주민들을 집단으로 살상했다. 중산간 지대에서 뿐만 아니라 해안마을에 소개한 주민들까지도 무장대에 협조했다는 이유로 희생되었다. 그 결과 목숨을 부지하기 위해 입산하는 피난민이 더욱 늘었고, 추운 겨울을 한라산 속에서 숨어다니다 잡히면 사살되거나 형무소 등지로 보내졌다. 4개월 동안 진행된 토벌대의 초토화 작전으로 중산간 마을 95% 이상이 방화되었고, 마을 자체가 없어져버린 이른 바 '잃어버린 마을'이 수십 개에 이르게 된다. 일제가 물러갔으니 좋아질 것이라고 해탕을 기뻐했건만 우리를 더욱 괴롭게 하고 진멸하려고 하는 탈바꿈 친미 세력들 경찰, 서북청년단, 대동청년단이 등장한 것이다. 욕심이 가득한 지도자는 국민을 사냥감보다 못하게 취급한 것이다. 괴로움을 당하는 데는 예외가 없었다.

　이승만 정부가 국민을 빨갱이로 몰아 30만명 가까이 학살할 때 서북청년단이 앞장을 섰다고 한다. 제주 4·3 사건을 알아보기 위해서 서북청년단의 결성과 활동했던 시대적 배경, 대동 청년단의 활동이 남긴 불행한 유산들에 대해서 살펴보아야만 할 것이다. 해방 이후 지금까지 한국 사회를 분열로 멍들게 하고 수많은 국민들을 희생시킨 "빨갱이"란 말은 누가 만든 것인지? 우리 역사를 불행으로 빠뜨린 서북청년단과 대동청년단을 온 국민이 알아야(인터넷 등) 악의 뿌리를 도려내고 우리나라를 새롭게 할 수 있을 것이다. 당시 서북청년단 회원증은 소지한 사람에게 모든 불법에 대한 '사면증'처럼 활용되었다고 한다. 이를 소유한 서북청년단은 그야말로 도살자처럼 미군정과 친일 정부를 반대하는 애국지사들과 국민 모두를 "빨갱이"로 몰아 무자비한 학살을 일삼았다. 이때부터 "빨갱이"란 말이 역사 속에 등장한 것이다. 이때 빨갱이로 한 번 몰리면 죽음을 면치 못했던 시대다. 지금도 빨갱이란 딱지로 희생된 가족이 있는 사람은 그 말만 들어도 피가 거꾸로 역류하는 분노를 가질 것이다. "빨갱이"란 말은 잘못하면 사용한 사람에게 보복이 올 수도 있을 것이다.

4·3 사건을 보면 지극히 자연발생적인 사건인데 좀 더 대화했다면 충분히 설득하여 불행한 역사를 막을 수 있었을 것으로 생각된다. 대화하는 것을 방해하기 위해서 마을을 불살라서 잊혀진 마을로 만들고 평화적으로 협상하려는 사람들을 교체하였다. 아무도 피해를 입지 않고 평화적으로 해결할 수가 있었는데 왜 굳이 폭력적으로 진압했을까? 자기의 욕심을 채우려는 지도자를 세우면 어떤가? 그는 자기의 욕심을 위해 눈이 멀어 목적을 위해서는 누구든지 가해할 수 있고 내 자신도 예외가 될 수 없다. 나와 내가 사랑하는 내 가족, 내 백성을 구하고 보호하려면 모두 정치에 관심을 가지고 나서야 될 것이다.

두 번째 우리를 가슴 아프게 한 것은 불의한 정권에 도전한 4·19 혁명이다. 4·19 혁명은 1960년 4월에 학생들을 중심으로 일어난

반정부 민주주의 혁명으로 이승만 정권의 3·15 부정선거에 항의하며 민주적 절차에 의한 정권 교체를 요구했다. 혁명이 일어나기 몇 주 전부터 지방 도시에서는 학생들의 시위가 산발적으로 벌어지고 있었으나 이승만 정권은 이에 대해 무지했고, 이러한 정부의 대처에 분노한 학생들은 각 지역에서 모두 합심하여 시위를 벌였다. 이때 대학교수들의 시위는 4·19 혁명을 성공시키는 큰 힘이 되었다. 결정적으로 폭발은 4월 11일 마산데모사건에서 행방불명된 마산 상고의 김주열 학생이 왼쪽 눈에 최류탄이 박힌 처참한 모습으로 마산 앞바다에서 떠오른 일이었다. 이로 인해 이승만은 사임을 발표하게 되었고, 허정의 과도정부가 수립되었다. 4·19 혁명은 이승만에 대항하는 혁명적 시도였다는 점에서 그 의미를 가진다.

4월 혁명, 4·19 의거라고도 한다. 4·19 혁명의 직접적인 원인은 1960년 3월 15일 실시된 자유당 정권의 불법·부정 선거였으나, 근본적인 원인은 이승만 정권의 독재와 탄압이었다.

4·19 의거와 박정희의 유신 정권에 대항해서 일어났던 부산 마산 항쟁을 보면서 유신독재와 이승만 독재가 겹치는 면이 많다. 자신의 정권 유지를 위해서는 국민에게 어떠한 폭행(희생)이라도 가할 수 있다. 욕심이 끝이 없다. 욕심이 끝이 없는 이유는 불의한 정권이었다는 것이다. 많은 살상과 범죄를 저질렀기에 정권 교체를 두려워했다. 선거에는 지고 개표에서 이긴 선거가 도화선이 되었다. 우리에게 주는 교훈은 독재는 반드시 부패한다. 불의한 정권은 반드시 망한다. 자신의 정권이 망할 뿐 아니고 최고 권력자 자신과

2인자 및 3인자까지와 가족까지도 멸문된다. 독재자의 삶은 끝 없이 불신과 불안이 상존하여 괴로운 인생이다. 국민을 고통에 빠뜨리면 반드시 자신이 되돌려 받게 된다. 이런 아무 이익이 없는 권력을 왜 붙잡으려고 노력하는 것인가?

이때 우리 아버님도 이러한 자유당을 반대하셨다. 무슨 이익을 바라고 하신 것은 아니다. 그런 눈치를 채고 경찰들이 가만히 있을 리가 없다. 우리 집에 나무를 벤 흔적이 있는지? 밀주를 만드는지? 여러 가지를 조사해서 괴로움을 주어 압박하였다.

4·19가 민중의 승리로 끝나고 총선이 치루어졌다. 총선에서는 자유당이 패배하고 민주당이 승리하여 우리 지역에서 아버님이 가마솥에 밥해서 운동원들을 대접하던 민주당의 고기봉 의원이 당선되었다. 4·19 이후에 이제야 나라가 제대로 되는 것 같아 승리했다고 온 국민이 좋아하였다.

이 즐거움이 6개월쯤 되어 민주주의가 혼란시기를 지나고 자리를 잡으려 할 때 1961년 5월 16일 박정희를 주축으로 하는 쿠테타가 일어나 미완의 혁명이 되고 말았다. 4·19를 생각하면 그때 당시 빨갱이라는 딱지만 붙이면 온 가족과 친척까지 살수 없는 멸문이 된다. 그래서 온 국민이 두려워서 떨고 있었다. 물을 한번 생각해보자. 소량의 물은 힘도 낼 수 없고 만지는 사람에 의해 아무렇게나 취급받을 수 있다. 물을 철그릇에 넣고 샐틈이 없이 피스톤으로 압력을 가하면 어떻게 될까? 일정 압력 이상을 가하면 놀랍게도 철기가 터지는 것이다. 바로 이것이다. 물같이 힘없는 국민도 한도 이상 너무 심하게 무력으로 압박을 가하면 압박을 가하는 세력이 폭발해서 멸망하는 것이다.

그것이 전 국민이 일어나는 것이고 촉매제가 되는 것이 참교육을 받은 사람(양심적 지성인)이다.

부마항쟁은 1979년 10월 부산과 경남 마산에서 박정희 정권의 유신체제 철폐를 위해 전개되었던 민주항쟁이다. 1979년 10월 16일 부마항쟁은 부산대학교 학생들의 교내 시위에서 시작되었다. 시위는 부산시와 마산시까지 확산되었지만, 20일 정부의 무력 진압으로 소강되었다. 독재의 탄압이었다. 없어진 것 같으나 국민들의 마음에는 응어리가 져 있는 것이다. 국민들이 탄압에 의해 조용해도 탄압하는 세력 중에도 양심을 조금이라도 가진 사람들이 마산을 피로 진압하면 안된다는 생각을 가지고 도발한 것이다. 그래서 결국 권력자들 간의 내분으로 제 일인자와 2인자, 3인자가 희생된 것이 10·26 사태인 것이다. 만약 이렇게 되지 않았다면 마산시민이 엄청나게 많이 희생되었을 것이다. 나는 이때 삽교댐 준공식에서 이상한 연설을 들었다. 대통령연설 끝에 "여러분 안녕히 계십시오" 하였다.

4·19 의거와 부마항쟁의 결국을 보면 이승만은 상해 임시정부에서 자금 문제로 탄핵받았고 박정희는 만주 군관학교 출신으로 애국지사들을 잡아 처형하던 사람이었다. 이들이 나라와 백성을 사랑하지 않은 사람들이 어쩌다 대통령 자리가 보여서 미국에 빌붙어서 지도자가 되었고 대통령이 되기 위해 반란하여 대통령이 되었다. 정치철학이 없고 욕심만 가진 사람들이기에 독재를 한 것이다. 절대 권력은 절대 부패를 낳고 그들은 결국 내부분열과 양심적인 세력에 의

해 절대 권력자(제 1-3인자)와 그 가족까지 멸문이 된다. 양심적인 자들이 일어나지 않으면 그만큼 더 많은 국민이 희생되는 것이다.

5 · 18을 비롯한 역사 정신의 계승과 기념관 관리

　나는 내가 성장한 이후에 일어난 5 · 18 민주화운동에 대해서도 다양한 곳에서 고문과 피해를 당하고 목격한 사람들이 증언해 주어서 비교적 자세히 알 수가 있었다. 서울에서 시작된 학생 데모가 서울대에 집결해있을 때 글라이스턴 미 대사가 직접 와서 "군부가 무자비하게 진압할 것이란 소식을 전하며 해산하도록 하였다."는 증언을 들었다. 그날 해산하지 않았으면 그곳이 5 · 18의 광주가 되었을 것이라고 생각된다. 실제 서울 대학에서 무자비한 폭력으로 시위를 촉발시켰다면 전국을 건드린 것이기 때문에 실패했을 수도 있었을 것이다. 어느 지역을 택할 것인가 논의 중 광주를 정했다는(?) 소문도 있었다. 광주에서 시위를 유발시킨 군인들과 대치했던 시민들 중에 우리 가족이 살고 있었고, 죽을 뻔한 학생 2명을 잘 피신시켜주신 우리 어머니, 광주 공군 비행장을 출퇴근하던 남동생, 아군끼리 교전했을 때 지휘관이던 초등학교 친구, 그때의 고

문 피해자, 총을 맞고 수술받았던 사람으로부터 많은 것을 들었다. 같은 병원에서 근무한 외과 임 소령이 5·18때 휴가를 나가서 총에 맞고 군인들에게 부상당한 이들의 수술만 하다가 왔다는 증언도 들었다.

5·18 민주화운동은 1980년 5월 18일부터 27일까지 광주광역시(당시 광주시)와 전라남도 지역의 시민들이 벌인 민주화 운동이다.

5·18 광주민주화운동은 '광주민중항쟁', '광주시민항쟁', '광주항쟁', '광주의거' 등으로 불리우나, 과거에는 신군부와 관변 언론 등에 의해 '광주소요사태', '광주사태', '폭동' 등으로 보도되기도 하였다.

선량한 국민을 폭도라고 부른 전두환 일당은 정권을 차지해서 권력을 마구 휘둘렀다. 재벌들에게 겁을 주어 돈을 빼앗아 천문학적인 지하자금 시장을 만들었다고도 한다. 권력을 누리는 한순간의 성취감이 있었을까? 정권이 국민을 위해 봉사하는 자리인줄도 모르고 마음껏 휘두르고 높은 자리를 차지한 것으로 알았을 것이다. 그들의 마음은 편했을까? 그들도 이승만과 박정희 정권과 모양은 다르지만 우리를 괴롭게 하는 집단이었고 전철을 밟게 된 것이다.

계엄을 선포하여 시민을 탄압하여 정권을 잡기 위한 빌미를 얻기 위해 곤봉으로 머리를 구타하고 대검으로 찌르고 엎드려 놓고 머리를 짓밟았다. 학생같이 생긴 젊은이들이나 심지어 임신부를 찌르는 등 가리지 않고 반인륜적인 인간으로서는 할 수 없는 잔학한 범죄를 저질러서 시위를 촉발시켰다. 제주 4·3 사건과 같이 국민을 살상하기 위해 의도된 죄를 저지른 것이었다. 그들의 계획에 의해서 진압하고 전두환이 대통령에 오르는 목적을 이룬 것이다.

1993년 문민정부 출범 이후 광주민주화운동의 진압방법에 대한 법적 논란이 제기되었다. 1994년 5월 13일 정동년 등 광주민주화운동의 관련자들은 전두환·노태우 등 35명을 내란 및 내란목적 살인 혐의로 고소하였으나 1995년 7월 18일 검찰은 "5·18 관련자들에 공소권이 없으므로 불기소 처분을 내린다."고 말하였다. 양심을 가진 검사들이라면 이런 불기소 처분을 내릴 수 있었겠는가?

그러나 5·18 특별법을 제정하라는 요구가 있고 노태우(盧泰愚) 전대통령이 11월 16일 비자금 관련 사건으로 구속되면서 11월 24일 김영삼 대통령은 민주자유당에 "5·18 특별법을 제정하라"는 지시를 내렸다. 김영삼은 국민들의 요구에 '역사 바로 세우기'라는 구호로 부응했던 것이다.

11월 30일 검찰은 12·12 사건과 5·18 사건 특별수사본부를 구성하고 재수사에 착수하였으며 전두환 전대통령도 반란수괴 등의 혐의로 12월 3일 구속 수감되었다. 12월 19일 5·18 특별법이 국회를 통과하였으며, 1996년 1년 내내 전두환·노태우 피고인에 대한 12·12 사건 및 5·18 사건, 비자금 사건 관련 공판이 진행되었다.

재판의 과정에서 전두환은 제5공화국 정부는 합헌 정부로서 내란 정부로 단죄하는 것은 부당하다고 주장하였으며, 노태우는 이 사건이 사법처리의 대상이 되지 않는다고 주장하였다. 이에 재판부가 1997년 4월 17일 12·12 사건은 군사반란이며 5·17 사건과 5·18 사건은 내란 및 내란 목적의 살인 행위였다고 단정하였다.

12·12 사건에서만도 그들이 말하는 주적인 북한에게 전방의 문을 열어 두고 군대를 이끌고 위수권을 빠져 나온 것은 사형에 해당한다. 맥아더 장군은 전쟁에 진 장수는 용서할 수 있으나 경계에 실패한 장수는 사형에 처하였다고 한다.

1996년 12월 16일 항소심에서 전두환은 무기징역, 벌금 2205억원 추징을, 노태우는 징역 15년에 벌금 2626억원 추징이 선고되었고, 1997년 4월 17일의 상고심에서 위 형량이 확정되었으나 김대중 후보의 대통령 당선에 즈음해 1997년 12월 22일 특별사면으로 석방되었다.

용서는 중요한 것이나 그들이 죄를 인정하지도 않고 반성하지도 않은 상황에서 용서한 것을 국민들은 어떻게 생각할까?

5·18 광주민주화운동은 제주 4·3 항쟁과 4·19 의거와 함께 수많은 시민이 희생된 1950년 6·25 전쟁 이후 가장 많은 사상자를 낸 정치적 비극이었으며, 한국의 민주화 과정에 있어 가장 큰 사건의 하나였다고 할 수 있다. 광주민주화운동을 계기로 한국의 사회운동은 1970년대 지식인 중심의 반독재민주화운동에서 1980년

대 민중운동으로의 변화를 가져왔다. 집권세력에 대항해 최초로 무력 항쟁을 전개하였다고는 하지만 1970년대 저항 운동의 수준과 한계에서 크게 벗어난 것은 아니었다.

광주민주화운동은 쿠테타 반란세력의 자극에 의하여 뚜렷한 지도부와 이념적 프로그램이 없는 상태에서 일어난 비조직적 군중의 자연발생적인 방어적이고 대중적인 저항이었다. 이점에서 1970년대식 반독재 시민운동과 같은 것이라고 할 것이다.

1988년 여름 대한민국 국회에 설치된 5·18 광주민주화운동 특별조사위원회가 윌리엄 글라이스턴 당시 주한미국대사와 전 한미연합사령관 존 위컴 장군의 증언을 요구하자 미 국무부는 그들의 증언을 거부하는 대신 광주특위의 서면 질문에 국무부가 동의하는 것으로 정리하였다.

또한 한국 계엄사가 광주에 동원한 특전사나 20사단이 광주에 동원된 것을 사전에 알고도 그들이 광주에서 행한 것에 대하여 미국은 책임이 없다고 주장하였다. 광주 민주화운동을 전말을 보면 작전 지휘권을 가지고 있는 미국은 자국의 이익에만 치중하고 인권 문제에 관심을 보이지 않았음을 천하에 드러낸 결과가 되었다. 자국의 이익을 위해서 반란 세력을 용인한 미국이 영원한 우방이기를 바란다.

우리는 역사적인 사건을 접하면서 과거의 사건을 돌이킬 수는 없지만 중요한 것은 앞으로 이런 역사를 되풀이하지 않기 위한 교육이 필요한 것이다.

  광주민주화운동 기념관 뿐 아니라 4·3 제주항쟁, 4·19 혁명, 60 항쟁의 기념관을 각 도시에 세워서 역사교육의 산실로 만들어야 하겠다. 외국의 학자가 보고 다음 사항을 지적한 내용이다. 첫째 유대인은 유럽 곳곳에 추모관을 세우고 집단학살 책임자들을 응징하고 교육하는 것을 거울삼아야 한다고 했다. 그 학자가 거기 방문한 20, 30대에서 아이들까지 문답한 결과 5·18 민주화운동이 무엇인지도 모르더라는 것이다. 외국에 알려진 4천5백 명과는 달리 기록되어 있다고 하며 과학적이고 객관적인 기록이 필요하다. 기념관이 한 곳에만 설립되어 있다. 다른 나라와 달리 집권자들의 관심이 적은 것 같다. 학교와 선생님들이 교육하지 않는다. 가장 사람들이 많이 찾는 공휴일에 개방과 안내인을 배치해야 한다고 지적하였다.

  독일을 비롯한 국제적인 관례대로 반인륜적인 범죄는 공소시효가 없다. 따라서 우리의 문민 정권들은 시민이 사살된 곳의 지휘관을 살인죄로 처벌하면 철저히 규명될 것이다. 그 후에 국민의 합의하에 쿠테타의 수괴들을 철저하게 응징하든 용서할 수 있었음에도 역사바로세우기에 성공했는가? 의학이나 사회병리의 무엇보다도 중요한 것은 예방이다. 예방하면 희생자를 최소화하고 국민들의 삶이 편안해 질 것이다. 나와 무관하다고 예방에 협조하지 않으면 절대 권력자도 희생에 예외가 없듯이 내 자신이 희생될 수 있음을 각인해야 할 것이다.

● 우리를 어렵게 하는 것은 일제와 독재 잔재 법과 나만 살려는 국민의 생각이다 : 내가 국민이고 내가 나서면 바꿀 수 있다

내가 안 나서면 누가 내 사정을 알 것인가? 밥을 굶어도 말하지 않으면 모른다. 제주 4·3 항쟁 때도 나쁜 사람들을 죽였다고 생각한 것이다. 부마 항쟁이 있었을 때도 언론에 보도하지 못하게 하여 구전으로 알릴 수밖에 없다. 광주에서도 많은 사람들이 아는 것 같지만 광주 시민 중에도 다수가 무서워서 가족들이 나가지 못하게 하기 때문에 모른다. 광주 청문회 이후에 보도를 통해서 접하기 때문에 잘 알지 못한다. 독재자들이 10년 이상을 통제하고 악한 소문을 내어 왔기에 대다수의 답답한 사람들은 세뇌가 된 것이다. 그런데다가 독재의 부스러기들이 간혹 엉뚱한 말도 안되는 연구 결과를 발표하고 거짓 뉴스를 뿌리기 때문에 그렇다. 그런데다가 불의한 자들이 위기 탈출용으로 국민을 편 가르기 했기 때문이다. 그러니 어리석은 자들은 마치 자기가 독재자인 것처럼 착각하여 변명하고 상대방을 비방한다. 그래서 독재의 잔재를 씻어내기가 참으로

힘들다.

　거기에 더하여 나 한 사람이 한다고 되겠느냐는 패배 의식이 큰 문제다. 거꾸로 생각하면 한사람에 한 사람이 더하여지면 5000만이 되는 것이다. 무슨 일이든지 성공하려면 내가 나서면 된다는 확신을 가지고 이루겠을 때 그때의 형상을 그리면서 일해야 하는 것이다.

　자기 가족이 죄 없이 맞아 죽었는데 나쁜 짓하다 죽었다더라고 하면 그때의 비참하고 억울함을 어찌 표현하겠는가?

　다시 우리는 가슴에 새겨야 한다. 불의한 자들의 편 가르기에 현혹되지 말고. 악한 편에 서지 말자!
　나만 살려 하면 모두 죽고 모두 죽으려 하면 모두 산다. 내가 생각이 바뀌고 우리 모두 나서면 정치는 쉽다.

　우리 인생에 있어서 큰 교훈은 내게 주어진 것은 모두 선하게 사용해야 한다. 내게 주어진 권력은 국민을 행복하게 하는데 써야 한다. 내게 주어진 모든 것은 두고 가야 하는 것이기에 이웃을 위해 내어 써야 할 것이다.

　세상에 대해 소극적이고 무관심한 자들에게 주는 교훈은 악행하는 자들은 누구든지 죽일 수 있고 피해는 언제든지 내게 올 수 있어 예외가 없다는 것이다.

 피해의 당사자가 되지 않으려면 정치에 관심을 가지고 적극적으로 나서는 것이다. 인생은 빛과 어두움이 있을 뿐 중립은 없다. 칠흑같이 깜깜한 공간에 조그마한 촛불만 나타나도 어두움은 물러간다. 인간 세상은 끝없이 악과의 전쟁이다. 전쟁에서의 승리는 공격이 최선의 방어이다. 악을 감시하고 예방하는 것이 공격이다. 우리 모두 빛에 속하여 밝게 살아보자.

- 신뢰도가 가장 높은 의사의 진단과 단호한 치료
  : 우리를 괴롭게 하는 것들의 통제

　이런 글을 쓰는 사람은 누구이며 어떤 생각으로 이 글을 쓰는 것일까? 나는 장기간 나라를 걱정하며 살았고 1992년 우루과이라운드 협정 이후부터 적극적으로 많은 토론회와 자료를 통하여 연구하며 실제로 사회운동과 실천을 하며 살아왔다.
　누구를 평가하든지 시대적 상황과 그 사람이 처해 있는 환경 및 무슨 일을 하는 직업인지? 사람을 대할 때는 어떠한 자세로 임하였는지를 알아야 할 것이다. 나는 직업이 의사이다. 의사가 되려는 배경은 여러 가지이다. 자신이 병을 많이 앓아서 의사의 혜택을 많이 받았거나 부모나 가족이 병들어서 고통을 겪어서 자기가 의사가 되어 가족이나 어려운 사람들을 위해 봉사하려고 한사람이 있다. 영화에서 보듯이 어려운 사람을 돌봐주는 것이 좋아서 의사 직업을 선택한 사람, 막연히 의사는 환자의 병을 고쳐 주어 많은 사람의 고통을 덜어 주는 좋은 직업이라고 생각해서 의사가 된 사람도 있다. 또 상당 수는 돈을 많이 벌 수 있다고 생각되어 선택한 사람도 있다. 어떠한 목적으로 의사가 되려 하였든지 의사가 되는 최단기 코스를 거친 사람이 15년이다. 의대 6년, 전공의 5년, 군대 39개월, 요즈음은 펠로우를 만들어서 2-3년간 더 연수를 받는다. 그동안의 목적은 정해져 있다. 환자를 질병의 고통에서 구하고 생명을 연장시키려면 실력을 쌓아야 된다. 나름 교수나 선배들의 말과 행동을 보면서 놓치지 않고 배우려고 한다. 이 두 가지는 누가 보아도 선한 목적이다. 아무리 악질이고 중한 죄인이라 할지라도 선한 목적을 가지고 15년간을 매순간 반복하여 생각하고 행동하면 교화되지 않겠는가? 나는 전공의 때 같은 년차 선생이 환자로부터 간염이 전염되어 극심한 간염으로 2달간 입원하였을 때 2사람이 할 파트를 혼자 맡아서 회진을 두 번, 24시간 응급실, 중환자실과 모든 병실의 환자를 돌아보는 당직을 격일로 했다. 2일에 한 번 5시간씩 잠을 잤다. 야간에는 중환자실에서 네 건의 심폐소생술을 하고, 시간이 모자라거나 피곤하다고 아침, 저녁, 점심 발표회에서 예외란 있을 수가 없다. 영화나 드라마보다 훨씬 비인간적인 대우를 받으며 살았다. 오직 이것은 새로운 세상으로 가는 터널이라고 생각하면서 살아왔다. 또 내과 의사는 사람 전체를 진료하는 과목이다. 환자에게 묻고 또 물으며 자세히 문진하고 가능성이 있을 수 있는 모든 진찰과 검사를 꼼꼼히 하면서 진단을 한다. 이렇게 진지하게 진단 과정을 거치고 진단이 나오면 순식간에 치료의 행위를 해야 한다. 언제 어떤 일이 생길지 모르는 상황이다. 우리 병원에 엘리베이터를 타고 올라오던 환자가 엘리베이터 안에서 뇌 출혈로 의식을 잃고 문이 열리는 순간 쓰러지는데 사무장이 보고 쫓아가서 붙잡아 처치실로 옮겨 이승호 원장이 의식이 없는 환자의 입에서 토물을 빼내고 입을 그 환자의 입에 대어 인공호흡을 하고 기관에 삽관해서 종합병원의 응급실로 옮겨서 치료받도록 해주고 본인은 택시를 타고 돌아온다. 이것은 모두 무료이고 남아있는 환자는 다른 의사(내)가 맡아서 진료한다. 혼자 개원한 의사는 모든 환자를 버려두고 응급실로 향한다. 한 번은 앞 환자의 진찰이 끝나고 다음 환자에게 물어보려는 순간 비만인 환자가 심장 마비를 일으켰다. 사무장과 나는 환자를 어렵게 처치실로 옮겨 심폐소생술을 해서 간신히 살아났다. 피곤해서 왔다는 환자가 점점 혈압이 떨어지며 심장 마비가 온다. 별거 아닌 듯 걸어온 환자가 피검사 결과 심각한 진단을 받게 된다. 보호자와 함께 검사 결과를 기다리는 중 간호사가 소리 지르며 쫓아가서 붙들어서 위기를 모면하고 종합병원으로 보내졌다. 천식이 심한 환자를 교과서 대로 치료해도 효과가 없어서 구급차로 모시고 가면서 마음을 졸이는 것이 내과 의사의 형편이다. 지면상 다 열거할 수 없지만 수많은 위기가 와서 의사의 인생을 외줄타기 인생, 지뢰밭 인생이라 한다. 이러한 내과 의사는 이럴 때마다 전능자가 되어야만 한다. 어찌 의사가 하나님이겠는가? 이러한 의사인 나의 생명은 환자의 생명이 같이 걸려있는 것이다. 이 글을 쓰는 배경이 이런 의사의 마음임을 독자는 이해해 주시길 바란다.

  무슨 병이든 진단이 제대로 되어야 정확한 처방을 기대할 수 있을 것이다. 내가 오진하면 환자와 나의 운명은 같은 길을 가게 된다. 이러한 마음으로 세상을 보고 진단하며 치료하고자 이 글을 쓴다.

현재 우리를 괴롭게 하는 이들이 재판에 찌든 법관, 부족한 수사인력으로 수사하는 검찰과, 경찰, 금방 퇴임한 법관들을 고용하여 강력한 힘을 발휘하는 대형 로펌 즉 거대 법률사무소의 변호사, 자기 업무를 인지하지 못하는 국무총리로부터 행정자치부, 교육부, 보건복지부, 환경부 등 정부 각 부처의 장·차관과 공무원들이다. 이것은 특정 직책을 지칭하는 것이다.

과거로부터 맥을 이어온 뿌리는 친일 탈바꿈 친미 세력과 자유당 정권으로부터 정권에 있었던 수구 세력들이다. 이들은 자신의 권력과 소유하고 있는 모든 것을 지키려는 세력이다.

권력의 야망이 큰 이승만은 미국에서 주로 있었기에 국내 지지세력이 전혀 없었는데 이는 매우 취약한 조건이 된다. 그렇기에 이승만은 자신의 권력의 야망을 성취하려 해방 후에 불안했던 친일파 세력의 안전을 보장해주고 척결해야 할 대상을 활용해서 자신을 지지해주는 기반으로 만들었다. 친일파들은 이승만을 지지해주는 조건으로 이승만과 미군정으로부터 군인과 경찰, 행정의 고위직에 등용되었다. 해방을 통해서 일장기 자리에 성조기가 걸렸고 친일파들은 탈바꿈 친미로 계속 떵떵거리며 살게 되었다. 심지어 독립운동가들이 경찰에 모욕을 당하고 뺨을 맞으며 고문까지 당하다가 숨지는 일이 일어나고 테러로 암살까지 이뤄지는 일들이 발생되었으니 국민 누구도 찬성할 수 없었다. 점점 불만과 저항의 기운이 커졌다.

친일파들이 청산되기는 커녕 군경에 등용되어 날뛰는 때에 계속

사고가 발생하고 있다. 앞의 역사적인 사건처럼 광주에서와 똑같이 여기에 무슨 공산당이 개입해서 이런 저런..., 사악한 짓들을 저지르고 하며 그 책임을 죽임 당한 자들에게 돌려보려는 아주 못된 짓들을 옹호하려는 일부 세력들이 여전히 존재하고 있다. 이런 주장들은 역사적 사실을 감추고 왜곡해서 이승만과 탈바꿈 친미파들이 학살을 정당화고 책임을 피하려는 술책이다. 사람이면 누구나 그런 것을 보고서 가만히 있겠는가? 그래서 경찰서를 습격하는 일도 벌어지게 된 것이다. 이것을 빌미로 마치 전부 그런 것처럼 역사의 진실을 왜곡하는 일이다.

우리의 쉬운 것을 어렵게 만드는 원인은 자신의 직책이 무엇이며 무엇을 어떻게 해야 하는지 모르기 때문이다. 문제를 일으키는 대부분이 공무원이다. 해결 방법은 직책의 정체성을 교육하는 것이다. 공무원이면 주권자인 국민(시민)으로부터 고용되어 봉사하며 봉사에 대한 댓가로 봉급을 받는 것이다. 이런 논리라면 자신은 부끄러움 없이 봉급을 받을 수 있는지 자문해보아야 할 것이다.

회사의 말단 직원이나 말단 공무원도 취직할 때 교육을 받는다.

첫째, 교육을 시켜야 되는 것이다. 장관을 비롯한 공무원은 청문회보다 교육을 받는 것이 더욱 중요하다. 먼저 공무원이 주인인 시민 위에 굴임하고 있다. 주·종 관계가 바뀐 것이다. 장·차관이 자신의 부처를 잘 이끌어 시민을 시원하게 하지 못하는 것은 그 부처의 업무를 제대로 파악하지 못하고 한자리 주니까 가서 자리 지키고 행세하다가 임기가 되면 나온다. 교육을 받아서 알아도 자신의 욕심이 정직하게 일을 할 수 없도록 만든다. 황금 만능주의가 다수의 머리와 가슴을 지배해서 부수입과 뇌물을 늘 생각하게 만든다. 월급은 약속이므로 약속 이외의 부수입은 반칙이다.

둘째, 복지부동을 통제해야 한다. 원인은 공무원의 복지부동이다. 업무를 잘 모르는 장관을 우습게 알고 있다. 간혹 의욕적으로 해 보려고 무슨 지시를 하면 시원하게 대답하고서 시간 끌기를 한다. 이 핑계 저 핑계를 대면서 시간 끌기를 한다. 임기가 길지 않기 때문에 갖가지 핑계와 이유를 대면서 복지부동한다. 그렇게 시간을 끌면 장관은 곧 퇴임하게 된다. 정답은 공무원이 봉사하는 직책이라는 것을 일정 기간마다 반복적으로 가르치고 구체적으로 직분의 책임을 가르쳐야 한다. 전산화가 세계에서 가장 잘되어 있는 나라이기에 공무원을 10분의 1로 줄여도 될 것으로 생각된다. 반면에 복지 분야의 공무원은 업무가 너무나 과중해서 자살하기까지 한다. 이 남는 인원이나 복지부동하는 인원은 교육부서로 옮겨서 복지학 교육을 시켜서 자격증을 취득하게 하여 복지분야 인력을 늘려야 할 것이다. 이에 불복하고 싫어하는 사람은 자기가 더 좋아하는 일을 찾아서 나가야 할 것이다. 퇴직하고 젊은 청년들을 복지 분야의 공무원으로 채용해야 할 것이다. 공무원 규율상 융통성 없이 분야별로 인원이 제한되어 있는 것 같다. 복지부동을 통제하려면 개방형 임용제도를 활용해서 장관이 몇 명의 요직인 캐비넷을 가지고 들어

가서 조직을 장악해야 한다. 자연스럽게 복지부동이 없어질 것이다.

셋째, 모든 민원을 하루에 처리하도록 한다. 국민 소득이 세계 최고 6만 불인 룩셈부르크 공무원은 모든 민원을 하루에 처리하고 다음 날은 민원을 제기한 개인이나 회사에 와서 거기에 대한 불편이 없는지 확인한다고 한다. 그러니 세계 최고의 국민 소득을 올리는 나라가 된 것이다.

거기에 비해 우리나라는 공무원 수가 너무 많고 전산화가 세계 으뜸이어서 더 잘할 수 있을 것이다. 지금 우리의 현실은 온갖 규정을 들어 심지어는 상식 밖의 규정까지 들어서 민원을 지연시켜서 민원인에게 손해를 끼치게 한다. 세간에는 우리나라에서 회사를 하나 차리려면 3년 걸린단다.

넷째, 민원의 시간을 끌어서 손해를 보면 감찰부에서 조사해서 부당하게 시간을 끌어 손해를 입힌 공무원에게 손해 배상을 하게 한다. 대박이 날 회사도 시간을 끌면 망하게 된다. 3년 걸리면 모든 상황이 3년 전과 달라져서 회사를 할 수가 없게 된다. 그러니 회사를 할 생각이 있으면 급행료를 내야 한다는 것이다. 회사 허가 내는 데도 룩셈부르크처럼 시간제한을 두고, 빨리 안되어 시간을 끌어서 실패하게 하면 행정소송을 제기하여 시간을 끈 공무원이 배상하도록 해야 할 것이다.

우리 사단법인 희망교육에서의 일이다. 법인의 정관 한 줄 반을 고쳐서 세상을 돕기 위한 위탁사업을 하려고 한 것이다. 그나마 그것이 돈벌이가 되는 것도 아니고 센터장의 봉급 몇천만 원을 법인에서 주면서 상담하는 일이다. 교육청과 서울시 공무원이 서로 핑퐁 게임을 하더니 사업계획서를 내라고 한다. 당장 특정 사업을 하려고 허가받는 것이 아니고 앞으로 사업을 하려고 하는데 무슨 사업계획서를 내라는 것인지 모르겠다. 계획서는 공모할 때 내는 것이지 정관을 바꾸는데 무슨 사업계획서를 내라고 하는지 모르겠다. 공무원의 명령에 따라서 사업계획서를 내고 우리는 "이것을 빨리 바꿔야 된다."고 했다. 그러면 이 말을 들은 공무원은 "예, 최선을 다해 빨리 되도록 하겠습니다." 해야 하는 것이 원칙 아닌가? 전혀 다른 말을 한다. "그것은 그쪽 사정이지요."라고 한다. 그렇게 말하려면 공무원을 그만두어야 하는 것이 아닌가? 2달 반을 시간을 끌게 한다. 나는 교육청 공무원에게 "이런 방법 말고 다른 방법으로 해도 됩니까? 그렇게 할까요?" 하고 3번이나 물었다. 공무원에게 불이익이 가지 않기 위해서 지금이라도 정신 차리고 잘해주기를 바라고 몇 번을 물었던 것이다. 알아서 하라고 한다. 국민 권익위원회에 제소하여 간신히 목적을 달성하였다. 어렵게 이룬 위탁사업은 공무원이 너무나 월권을 하여 우리가 운영을 잘할 수 없이 사사건건 간섭하고 옭아매어 결국 도중에 그만 포기하고 말았다.

다섯째, 전관예우다. 고위공직자 (사법부 부장판사, 검찰의 부장검사 이상, 공무원의 서기관 이상은 5년 이상 같은 계통의 직장에 가면 5년 간의 월급을 국가에 헌납하도록 하면 된다. 이렇게 하면 회사에서 비리를 위해 전관예우를 할 필요성이 없어진다. 전관예우는 갑질을 해서 도움이 될 때에 효과가 있는 것이다. 또 검은 것을 희게 만드는 대형 로펌도 없어지게 되어 억울한 사람이 없어진다.

여섯째, 공공성이 있는 회사는 3년에 한 번 세무 조사를 받도록 한다. 요즈음은 전산화가 잘되어 있어서 대형회사도 수일 내로 조사를 끝낼 수 있다. 장시간의 조사는 무엇인가 거래가 있을 수 있다.
자금의 흐름을 알 수 있어 회사 경영과 상관없는 부당하게 사용하는 자금을 차단해서 부조리한 일을 못하게 한다. 회계 부풀리기도 불가능하게 되는 것이다.

일곱 번째, 공직에서 부정 사건으로 면직되거나 파면된 사람은 5년 간 출국 금지하도록 한다. 이렇게 되면 부정을 아예 생각지 않아한 사람도 출국금지 되는 사람이 없을 것이다.

여덟 번째, 직접 민주 제도인 국민투표의 활성화 법의 제정
다른 장에서 말한 국민투표는 어려운 사안을 결정하는데 사용하는 것이라고 규정되어 있다. 이것을 실제로 쉽게 실시할 수 있게 법제화해야 한다. 여야가 당리당략으로 지연시키는 중요한 일들을 권력의 주인인 국민이 투표로 정하면 모든 문제를 쉽게 풀 수 있다. 계엄령까지도 국민투표로 쉽게 처리할 수 있도록 하면 쿠테타는

불가능하게 된다.

  국민 소환도 유권자의 스위스 같은 나라처럼 1.5%의 서명만 받아도 발의할 수 있고 다수결로 결정할 수 있게 하면 된다. 입법 제안권도 똑같이 하면 국민의 의사를 쉽게 반영하고 공직자들은 국민을 무서워할 것이다.

  의사가 진료하는 것이나 세상을 진단하고 정치하는 것은 같다. 정확한 진단을 내려야 좋은 처방이 나오는 것이다. 사회 병리도 병이 걸리기 전에 예방하는 것이 비용이 적게 들고 건강한 사회를 만들기가 쉽다. 부정이 생긴 다음에 처벌하면 당사자와 그들의 가족까지 상처가 생긴다.

  미리 예방하는 것이 국정운영의 비용이 적게 들고 효율적으로 되어 온 국민을 행복하게 할 것이다. 아예 부정을 시도하는 것 자체가 불가능하게 만드는 것이다.

● 편 가르기 말고 이번 선거로 바꿔야?

　선거는 내 운명을 결정하는 것이다. 정신을 바짝차리고 선택하면 선거 결과로 온 국민이 함께 기뻐하게 될 것이다. 선거는 명분이 좋고 독재자들도 이용하는 제도이다. 이번 선거에도 불의한 자들은 편 가르기를 할 것이다. 그래야 전 국민이 그토록 싫어하는 거대 여야 중에 한 사람이 당선되게 된다. 상대편이 좋든 나쁘든 상관하지 않고 맹목적으로 우리 편이 되어야 한다는 생각에 잘못 선택하는 것이다.

　거대 여야만 당선이 안 되면 우리 정치가 발전할 수 있을 것인데 편 가르기를 해서 둘 중에 한쪽이 당선된다. 서로 봐 주기하는 동업자 중에 한 사람이 당선되게 되는 것이다. 제발 이번에는 편 가르기 하지 말고 냉철한 판단으로 투표하길 바란다. 편 가르기를 하면 시각과 이성이 마비되어 잘못 선택하게 된다.

이번에는 이길 수 있다는 승리의 근성과 확신을 가지면 바꿀 수 있다. 거대 여야 2사람만 선출하지 않으면 지금보다 부패가 없어지고 정치와 우리나라가 놀랍게 발전할 수 있을 것이다.

　거대 여야가 돼서는 안 되는 이유는 이미 그들은 공약을 할 때 수 없이 나열하는 공약을 해서 실천하지 않았다. 그들은 예산 확보가 되지 않아도 상대방이 하니까 아무 구체적인 대안이 없이 똑같이 발표하는 수가 많았다. 그들의 공약은 무엇이 중요한 줄 모르고 내어 놓은 것이다. 그들은 편가르기를 위한 수구들의 비위 맞추기 공약을 한다. 무슨 조직이든지 가동이 제대로 되려면 체계화 되어야 한다. 다시 말하면 제도화 되어서 어떤 사람이 정권을 잡아도 크게 흔들리지 않는 것이다. 그 외에 다수가 제도화되는 공약을 내지 않고 있다. 따라서 무엇이 중요한지 구분도 안 되는 일회성 선심 공약이 주를 이루고 있다. 이런 공약으로 우리를 수없이 실망시킨 정권이어서 거대 여야가 정권을 잡으면 안된다는 것이다.

　또 대선은 지방의 기초 단체의 선거와 달리 국가의 운명을 좌우하는 중요한 선거이기에 위와 같은 대책을 가진 정당을 뽑아야지 편가르기로 저쪽이 싫으니까 이쪽을 뽑는 선거가 되어서는 안 된다. 이미 여론조사에서 비호감이 55% 이상이여서 어쩔 수 없이 두당 중에 하나를 선택해야 한다는 잘못된 선거가 되고 있음은 심히 우려가 된다.

　그래서 거대 여야를 제외한 다른 당을 뽑아야 하는 것이 확인되고 있다.

• 개혁을 확신할 수 있는 역사적인 교훈이 힘이다

　이번 선거에서 우리 국민의 무서운 힘을 보여 주자. 프랑스가 국회의원도 없는 마크롱 같은 사람을 뽑듯이 힘이 없는 새로운 집단을 뽑아야 국민을 두려워하고 봉사한다. 과거의 거대 여야는 많은 지지를 받아서 자기들끼리 권력을 나누어 가질 수 있다고 생각하여 국민을 무시하고 자만하였다. 기반이 취약한 집단은 국민이 힘이기 때문에 국민만 바라보고 힘 있게 일을 한다. 내각 구성도 국민적인 신임을 받아야 되고 자기 패거리 내에 인물이 없기 때문에 각 분야의 업무를 잘 할 수 있는 범국민적 중립내각을 구성할 수밖에 없을 것이다. 내각에 기용될 인물이 어느 진영이든 상관하지 않고 뽑힐 수 있다.

　우리가 역사를 아는 것이 힘이다. 역사는 우리 평범한 사람들이 보기에는 불가능하게 생각되는 무수하고 거대한 일들이 이루어진 사실을 우리에게 알려 주고 있다. 그것을 모두 기록하려면 몇 권의 책을 써도 부족할 것이다. 이러한 역사를 알려 줘도 대다수의 국민들은 믿으려 하지 않는다. 한 가지 한 가지를 들려주면 "그렇지"라고 인정한다. 그러니 우리도 할 수 있다는 대목에서는 인정하려고 하지 않는다. 왜 그 때는 이루었는데 지금은 할 수 없다는 것인가? 역사의 그 순간보다 지금 더 많은 가능성을 가지고 있음에도 갖가지 핑계를 대면서 부정하려고 한다. 그 때는 인구가 적었다느니 하면서 여러 가지 조건을 들면서 어렵다고 한다.

쉬운 이스라엘 역사인 구약을 보면 나라가 어려울 때 많은 사람이 선택받았다. 선택 받았을 때 모세도 여러 가지 이유를 대면서 자기는 부족하고 부적합한 인물이여서 할 수 없다고 하였다. 이스라엘의 기드온과 같은 여러 지도자들은 특별하지 않은 하찮은 인물이 지도자로 선택을 받았다. 그러나 이들은 겸손하였고 이런 겸손한 지도자를 국민들이 잘 따랐기에 수 많은 위기에서 적으로부터 나라를 건질 수가 있었다.

그래서 역사적으로 가장 큰 증거들을 제시하려고 한다. 역사상 가장 큰 영토를 확보하고 가장 강력한 나라가 어느 나라인가? 칭기스칸의 몽골이다. 역사적으로 이보다 어려운 여건을 가지고 탄생한 나라는 찾기가 힘들 것이다. 태무진이 다른 부족에게 아버지를 잃었을 때 20살 이상의 남자가 없었다고 한다. 그들은 쫓기면서 숲 속에서 13명이 동지가 되어 나라를 세우고 뱀이나 쥐를 잡아먹으면서 나라를 키워나갔다.

우리는 이보다 사람도 많고 먹을 것이 많고 모든 조건이 좋다. 바르고 확실한 목표만 있다면 모든 조건이 좋고 거기에 교육을 충분히 받은 사람까지 많다. 그런데 왜 바른 나라를 만들 수 없다는 말인가? 교육이 잘되면 좋은데 잘못된 것이다. 놀랍게 많이 배운 사람들이 나라를 오히려 어지럽히고 범죄하고 있다. 외우고 법을 어떻게 이용할 방법을 배운 사람들이 권력을 많이 가져 그런 것이 아닌가 싶다. 어떻게 하면 국민들을 속이고 이웃을 속일까 하며 부수입 올리기 경쟁만 한다. 진실성도 없고 의리도 뜨거운 열정도 없다. 미꾸라지처럼 나만 어떻게 잘살아보려고 하기 때문이다.

많이 배우지 않은 사람이 정이 많고 뜨거운 가슴과 의리가 있다. 그들은 속이는 기술을 많이 배우지 않았기 때문이다. 태무진은 일류 대학을 졸업하지 않은 사람이지만 그의 자연에서 배운 전략과 사람 사는 세상을 일구어 가는 지혜는 공부를 많이 하는 사람들이 따라갈 수가 없다. 자신의 욕심을 버리고 국민을 이끌기 때문에 국민과 군인들이 칭기스칸을 전적으로 신뢰할 수 있었던 것이다. 그는 모든 전리품을 똑같이 나누어 주었다. 내가 국가에 충성하면 칭기스칸은 나와 우리 가족을 지켜 줄 것이라고 믿었기에 죽음을 두려워하지 않는 군대가 되어 백전백승하게 된 것이다. 누가 역사적으로 몽골이 있었음을 부인할 수 있겠는가?

그는 생각이 다른 지도자와 달리 사적인 욕심을 버렸기 때문에 정치를 쉽게 한 것이다.

그렇기 때문에 13명이 큰 군대로 변했고 조그만한 집단의 지도자가 아시아와 유럽을 지배하게 되었으며 동서양의 교류에 큰 역할을 할 수가 있었다. 그러나 이 위대한 지도자도 영원히 살 수 없었기에 국민들과 다른 나라에 끼친 영향만 남았지 아무것도 가져가지 못하고 바람처럼 사라졌다.

또 예수님은 어떤가? 자신과 제자 13명이 목숨을 내놓은 동지가 된 것이다. 감히 나사렛 목수의 아들 목수가 기득권층에 대항할 수 있었겠는가? 그도 역시 유명한 학벌이 아니다. 부자도 아니다. 그러나 그에게 주어진 사명을 위하여 제사장과 산헤드린 공회원, 바리새인들과 사두개인들을 대항해서 진리를 선포하며 나아갔다. 그는 제사장의 부조리와 부패를 지적하고 그들의 카르텔에 대항하였다. 그들의 경제 공동체의 중요한 부분인 성전 안에서 제물을 팔고 사는 상을 엎었다. 당시에 누가 이렇게 용기를 낼 수 있었겠는가? 기득권들이 내세운 성전과 물질의 허무함을 알리고 진정으로 우리가 바르게 살아가는 방법을 선포하였다. 그는 자신이 어떻게 죽을 것을 알고도 참삶에 대하여 설파하였다. 제자들도 한자리 얻어볼까 하여 따라다니고 예수님이 기적으로 먹여주는 것에 끌리어 따라다녔다. 그러나 예수는 자신의 목숨을 잃고 말았다. 선생이 돌아가고 부활하자 제자들은 눈을 바로 뜨고 전혀 다른 진리를 깨닫고 자신들도 십자가를 지고 죽음의 길을 따랐다. 그들이 다 죽고 소멸하였는가? 지금 세계는 다수의 기독교 신자가 생겨나고 세계의 정신을 주도하고 있다.

또 13이란 숫자가 우리를 놀라게 한 것은 이순신 장군의 13척의 배로 일본군의 300척의 병선을 침몰시킨 사실이다. 정부에서 도와주는 것도 아닌데 어떻게 이런 승리를 이룰 수 있었을까? 참으로 한심한 상태이다. 그는 정부의 관리들의 모함받고 억울한 옥살이를 하고도 애국심을 다 털리지 않았다. 후손에게 물려줄 나라를 걱정하였던 것이다.

이순신의 진심이 전라도 남쪽 끝에 살고 있는 백성들의 마음을 감동시켰던 것이다. 그 감동 받은 이들이 빈털터리 이순신을 따르므로 이런 기적과 같은 역사를 이루었다. 이런 감동에 이순신의 지혜가 더해져서 거북선을 만들고 자연을 이용하여 전쟁을 승리로 이끈 것이다. 우리가 잘 알고 있듯이 울돌목 바다의 조류와 유달산의 노적봉과 강강수월레를 통하여 남녀노소 가리지 않은 동지애로서 이같이 큰 승리를 이루었다. 이것은 사실이 아닌가?

이것은 보잘 것 없는 내 애기가 아니라 미국의 해군 사관학교에서 이순신 장군의 전술을 배운 데서 확신하게 되는 것이다.

역사는 13명의 동지만 있으면 무슨 큰일이든 이룰 수 있음을 가르쳐 주고 있다. 동지란 한마음을 가지고 서로를 위해 목숨을 바칠 수 있는 사람을 뜻한다.

역사는 누가 이런 큰 역사를 이룰 수 있는지 알려 준다. 역사에서 큰일에 선택된 자들이 어떤 사람들인가? 나라가 어려울 때 무명 인사들이 택함을 받았다. 그들은 한결같이 "보잘것없는 내가 무엇을 할 수 있습니까?" 나는 할 수 없다고 고백하였으나 사명감을 가지고 나설 때 맡겨진 사명을 이룰 수가 있었다. 이스라엘 역사인 성경에서도 확실하게 볼 수 있다. 그래서 성경은 말한다. 하나님은 "약한 자를 택하여 강한 자를 부끄럽게 하신다."고 한다. 이번 대통령 선거와 지방선거에서도 우리 약한 자들이 뭉쳐서 바른 나라, 국민이 주인이 되는 나라를 세워보자. 아마존강을 건너는 불개미가 모두 죽으려 하여 전부 붙어서 뗏목 모양을 만들어 한 마리도 죽지 않고 건너는 것처럼 어려움을 승리의 기회로 만들 수 있음을 온 천하에 선포하자.

다 죽으려 하면 모두 살고 나만 살려고 하면 다 죽는다는 사실을 알자. 다 죽으려는 생각으로 바뀌면 정치는 쉽다.

● 대선에서 알아야 할 것이 무엇인가?

　첫째, 좋은 당의 좋은 후보를 뽑아야 한다.
　선거가 시작되기도 전에 두당은 자기들이 나쁘다는 것을 치열하게 선전하고 있다. 이런 후보를 선출하면 망한다.
　둘째, 본전 뽑을 필요가 없는 후보를 뽑아야 한다. 그들은 선거에서 많은 비용을 투자했으니 당선되면 본전을 뽑기에 혈안이 될 것이 아닌가? 무슨 사업을 하든 당리당략을 먼저 생각하게 될 것이다. 그래서 부산의 엘시티, 부산저축은행 사건, 대장동 사건, LH 사건, 강원랜드 취업 독식 사건 등 수도 없이 많다. 국회의원이 많은 거대 정당의 대통령을 뽑으면 공약은 모두 선거가 끝나면 없어진다. 세력이 없는 당은 돈을 많이 안 써서 본전 뽑을 일이 없어 부정하지 않을 것이다. 또 국민에게 인기를 끌어야 정권 유지가 가능한 것이다.
　셋째, 국가 경영 대책이 있는 당을 뽑아야 한다. 대책 없는 공약은 거짓말이다. 거짓 공약만 날리는 것이다. 장기적인 청사진과 확신이 있는 당을 뽑아야 한다는 것이다.

넷째, 국민의 권리를 찾아 주고 편 가르기 하지 않는 당을 뽑아야 한다. 편 가르기 하는 당은 국민을 편 가르기로 위기를 모면하고 아무 일도 하지 않는 당이다.

다섯째, 무슨 일이든 큰일을 결정할 때는 국민의 의사를 물어보고 시행하는 당을 뽑아야 한다.

여섯째, 재벌의 뒷돈을 받지 않는 당을 뽑아야 한다. 재벌의 뒷돈을 받으면 빚을 갚아야 한다. 그래서 정경 유착이 지속된 것이다.

일곱째, 판사나 검사가 잘못하면 처벌을 받는 나라를 만들 수 있는 당을 선택해야 한다.

여덟째, 부산의 엘시티, 부산저축은행 사건, 대장동 사건을 깨끗이 해결할 수 있는 당을 선택해야 한다. 거대 여야는 국민이 시원하게 조사할 수 없고 서로 봐주기 수사를 할 것이다. 유튜브에는 많은 증거를 내어놓고 있는데 알려줘도 검사는 조사를 안 한다.

아홉째, 국민투표법으로 국민이 원하는 것을 만들어 가는 정부를 선택해야 한다.

우리는 독재자들의 악행을 벌하기를 바란다. 그들 개인에게 원수를 갚는다는 의미는 아니다. 모든 입법과 법 집행은 그런 사건이 다시 일어나지 못하도록 하기 위해서 법을 만들어 벌하는 것이다. 우리나라는 기본이 안 되었다. 이런 상식적인 것이 지켜지지 않는다. 그러니 계속 재발한다. 우리 독립 당시 이승만 정권에서 반민특위를 구성해서 처벌하려 했으나 정권 유지를 위해 친일파들을 구제하려 반민특위를 해산하고 말았다. 그것이 역사적 비극의 재점화이다. 숨을 죽이고 있어야 할 친일파들이 친미파로 탈바꿈해서 권좌에 앉기 시작했다. 그로 인해 어떤 일이 생겼는가? 서북청년단이 생겼다. 군대 내와 경찰 조직의 권좌를 그들이 차지했다. 연이어 제주 4·3 만행이 일어났다. 제주 4·3 민중을 학살하기 위하여 군대를 동원하는 과정에서 동족을 살상할 수 없다며 거부하는 이들 사이의 교전이 여수 순천 사건이다. 근본적으로 승승장구한 친일파들이 갖은 만행을 저질러 왔고 자유당의 불법 집권과 부정선거에 항거하는 학생 시위대를 향해 발포하여 많은 희생자를 내었다.

그 희생으로 이룬 것이 민주당 정권이었으나 민주화되어 소란한 틈을 타서 일본의 만주 군관학교 출신 박정희가 5·16 반란을 일으켰다. 이것 또한 불합리를 합리화시키기 위해 수많은 백성을 희생시켰다. 자신이 공산주의자였던 것을 감추기 위하여 반공을 국시의 제일로 삼는다는 명분을 내세워 수 많은 가짜 공산주의자들과 가짜 간첩을 만들어 가족 친지까지 생존의 위협을 가하였다. 그리고 국가보안법, 반공법, 유신헌법을 만들고 중앙정보부를 만들어 그것을 무기로 계속해서 국민을 핍박했다.

반민특위가 잘 시행되었으면 박정희의 반란도 없었을 것이고 전두환의 반란도 없었을 것이다. 전두환 일당은 입만 열면 안보를 외치던 자들이 전방 휴전선을 지키던 9사단(사단장 노태우)이 휴전선을 비우고 서울로 내려와 반란을 일으킨 것이다. 이것은 사형에 해당한다. 사단장이 위수지역을 이탈하고 주적 북한이 침범할 수 있는 길을 열어 주었기 때문이다.

　김영삼 정부 때는 이것을 따져서 전두환과 노태우를 중형에 처했다. 그러나 김대중 대통령은 역사도 살피지 않고 비상식적으로 둘을 사면한 것이다. 그러면 독일이 나치 전범을 처리하는 것이 잘못되었다는 것인가?

　독일은 철저하게 청산하고 있는 것이다. 수용소 간수는 명령에 따라서 어쩔 수 없이 간수의 직분을 수행했지만 그런 행위까지 철저히 처벌하고 청산의 대상으로 삼았다. 그런데 일본과 우리나라의 독재자들은 자신들이 잘못을 인정하지도 않았다. 사면해도 죄를 철저히 가리고 인정한 후 시행했어야 한다. 앞에서 말했지만 조금만 생각하면 누구나 얼마든지 전두환 군부의 죄악을 밝힐 수 있었는데 당시에 군부 세력이 강해서 인지 밝히지 못했던 것이다. 광주민주화운동 당시 각 지역에 주둔해 있던 부대장들이 발포해서 죽인 것을 추궁하여 살인죄로 처벌하면 금방 발포명령자를 밝혀낼 수가 있었다. 어떠한 연유에서인지 못했다면 지금이라도 밝혀내어 다시는 우리나라 역사에 이런 일이 일어나지 않게 해야 할 것이다.

　국민의 화합을 원하지 않는 사람이 있는가? 원론적으로 찬성할 것이다. 문재인 대통령의 박근혜 전대통령의 사면은 참으로 어처구니 없다. 본인들이 전쟁해서 쟁취한 것인가? 이것은 촛불 민심의 승리로 얻은 것이다. 그런데 국민에게 물어보지 않고 왜 대통령과 몇 사람의 마음대로 하는가?

많이 양보하더라도 "모든 국민은 법앞에 평등하다"는 헌법을 무시해도 되는가? 헌법을 지키고 합법적으로 하려면 같은 형기 이하의 흉악범을 제외한 모든 범인을 사면해야 하는 것 아닌가? 부패하고 타락한 관리들이 큰 죄를 지으면 사면이고 힘없는 시민들의 범죄는 형기를 채워야 하는가? 기왕에 국민의 화합 차원이라면 대대적인 사면이 이루어져야 할 것이다. 국민에게 물어서 했으면 잘했다고 할 것이다.

국민의 의사를 묻는 것이 국민투표이고 직접민주주의이며, 최상위의 결정권이 되어야 한다. 국민투표를 쉽게 할 수 있어야 한다.

욕심을 버리면 정치는 쉽다.

선거, 치열함을 벗고 축제가 되다

나라를 용광로에 넣자
: 각 부처의 역할과
개혁해야 할 사항

입법부의 이해와 개혁으로 입법권을 찾자

우리나라의 입부는 입법부의 역할을 제대로 하고 있을까?

정기적으로 국민에 의하여 공선된 의원들이 입법, 기타 중요한 국책 결정에 참여하는 회의체이다. 국가의 권력분립에 따라서 독립된 통치 작용을 하는 권력기관이다. 국회는 국민대표 기관으로서의 지위, 입법기관으로서의 지위, 국정 통제기관으로서의 지위, 국가 최고기관으로서의 지위를 가진다.

우리나라의 입법부는 거수기와 허수아비들이 모인 곳이라고 평가하는 이들이 있다. 국회의원들이 거수기 노릇을 하는 이유는 여섯 가지이다.

첫째, 국회입법은 소위원회, 소소위원회, 소소 소위원회에서 몇 사람이 미리 다 짜서 올려보내기 때문이다.

둘째, 민초들이 선출한 국회의원이 입법하는 것이 아니고 의원이 제안한 법이 국회 내 전문위원이라 불리우는 행정관료들이 하는 타당성 검증을 통과하지 못하면 폐기되기 때문이다. 국회의원을 보좌하는 기능을 해야 할 국회공무원이 대의권을 가진 국회의원을 대신해 권한을 행사하기 때문이다.

셋째, 박정희 독재정권의 헌법위원회가 소수의 결정권을 가지고 있는 독재 잔재이다. 넷째, 전두환의 헌법재판소가 대신한다.

다섯째, 이명박의 의료조정중재위원회가 대신한다.

여섯째, 이번 이재용을 기소 위기에서 풀어주는 것을 제안한 대검찰청 수사심의위원회 같은 것이 국회의원을 대신하기 때문이다.

그래서 20대 국회의원 표창원 의원이 출마를 포기한 이유가 국회의원이 입법을 하지 않고 올라오는 법안의 통과 여부를 결정하는 찬반 거수기라는 것이었다.

지금 우리 국회에서 국회의원의 본업인 입법 과정 중에서 대부분의 과정을 국회공무원인 전문위원들이 행사한다. 아무리 능력자이거나 의욕이 넘치는 국회의원이 국회에 진입해도 할 수 있는 일이 많지 않다. 그래서 국회의원들이 일은 안 하고 날로 먹는다는 비난까지 나온다. 역할을 한다 해도 고작 상임위원회와 본회의 통과 과정에 관여할 뿐이다. 법안 검토는 입법 과정 중에 가장 중요한 것이다. 이 과정을 국회의원이 아닌 국회의 행정공무원이 대신한다면 입법 업무를 포기하는 것이다. 이렇게 본업으로부터 배제된 상태이다.

과거에는 해당 상임위원회에서 추천하였으나 지금은 그런 과정도 없다. 따라서 전문직 협회는 국회의원이 아니라 전문위원에게 로비를 하고 장관은 국회공무원을 찾아온다는 말을 국회 주변에서 듣는다. 최근 문화방송에서 '국회의사당의 숨은 실세들-국회 전문위원'이라는 제목으로(탐사기획 스트레이트) 국회전문 위원에 대해서 증인들을 통해서 상세히 보도하는 것을 보았다. 전문위원이 새로 임명되면 소관부처 공무원이나 공공기관 관계자들이 줄을 서서 업무 보고를 한다.

다른 나라 국회의원은 정책전문가들과 함께 법과 정책을 만들기 위해 치열하게 연구하고 검토하는 일을 한다.

전문위원이 국회의원 대신 권한을 행사하는 권한은 아래의 법적인 근거에 있다.

국회법 제 42조 4항, "전문위원은 위원회에서 의안과 청원 등의 심사, 국정감사, 국정 조사 기타 소관 사항과 관련하여 검토, 보고 및 관련 자료의 수집, 조사, 연구를 행한다." 제5항은 "전문위원은 제4항의 직무를 수행함에 있어 필요한 자료 제공을 정부, 행정기관 기타에 대하여 요청할 수 있다"고 규정하고 있다. 더 큰 문제는 대의권과 입법권에서 배제된 데에 대한 문제 인식이 없는 것이다.

국회의원은 안심하고 일할 수 있게 하는 2가지 법적 규정이 있다.

*면책특권 : "국회의원은 국회에서 직무상 행한 발언과 표결에 관하여 국회 외에서 책임을 지지 아니한다."(헌법 45조)국회의원이 국

회에서 직무상 행한 발언과 표결에 대해 국회 외에서 책임을 지지 아니하는 특권을 말한다. 그러나 국회 내에서는 책임을 추궁할 수 있다.

　*불체포특권 : 국회의원은 현행범인 경우를 제외하고는 회기 중에 국회의 동의 없이 체포 또는 구금되지 아니한다. 회기 전에 체포, 구금된 때에는 현행범이 아닌 한, 국회의 요구가 있으면 회기 중 석방된다.(헌법44조)

　보수 정권이나 진보정권을 막론하고 기득권 수구세력은 보이지 않는 곳에서 비민주적인 꼼수 입법을 계속해 왔다. 결정권자가 소수일수록 자의반 타의반으로 권력과 금권에 놀아날 수 있다. 우리나라의 국회의원은 일은 안하면서 200가지 이상의 옥황상제도 부러워한다는 특권을 누리고 있다고 한다. 상임위원장은 년 5000만 원이 들어 있는 작은 정성이라는 '미성'이라고 써진 봉투를 받고 영수증 없이 사용한다. 당 대표와 원내 대표가 되면 월 7000만 원씩 지급된다. 업무추진비와 판공비 때문에 당 대표, 원내 대표, 상임위원장을 서로 하려고 한다. 정당 원내 대표의 임기가 1년으로 된 것은 한 사람에게 가는 이익이 너무 크기 때문에 2년에서 단축된 것이다. 그 외에도 해외에 여행 갈 때 비행기는 1등석을 탄다. 기차 무료이다. 일도 안 하는 국회의원들에게 지급하는 돈 가지고 수많은 어려운 사람들을 살릴 수 있을 것이다. 우리 국회의원들은 사무실이나 국회가 작아서 일을 못하는가? 현재의 국회 의원회관도 모자라서 강원도 고성에 500억원의 비용을 투자하여 제2의원 회관

(의정 연수원)을 짓고 있다. 기가 막힌다.

그러면 우리나라 국회의원만 누리는 특권을 한번 열거해 얼마나 국민을 농락하고 있는지 보기로 하겠다.

한국 국회의원의 200가지가 넘는 특권이라고 하였다.

기본급이 월 600여만 원, 입법활동비가 월 300여만 원 정근수당, 명절휴가비 등이 연 1,400여만 원, 관리업무수당이 월 58만 원, 정액 급식비가 월 13만 원, 합계 연봉은 1억 3,000여만 원이다.

유류비, 차량 유지비는 별도로 지원, 항공기 1등석, KTX, 선박은 전액 무료, 전화와 우편요금 월 91만 원, 보좌진 7명 운영비가 연 3억 8천만원 국고 지급된다.

국고 지원으로 연 2회 이상 해외 시찰이 보장되고, 65세부터 사망 시까지 월 120만 원 연금 지급된다.

현금 외의 지원은 아래와 같다.

보험 가입 시 A등급으로 보험료가 가장 싸다.

국회 내 개인 사무실이 제공되는데 돈으로 따지면 11억 6,685만 원이다.

도배와 인테리어 등 모두 국가에서 관리한다.

83억 들여 꾸민 국회 본회의장이 있다.

국회의원이 사용하는 모든 것이 국가에서 지원된다.

변호사, 의사, 약사, 관세사 등의 직업은 겸직이 가능하다.

가족 수당으로 매월 배우자 4만 원, 자녀 1인당 2만 원을 받는다.

정치 후원금을 1년에 1억 5천만 원, 선거가 있는 해는 최대 3억까지 모금할 수 있다.

국회 의원회관에서 헬스, 진료비 가족들 진료도 무료다.

전용 레드 카펫 밟을 수 있다.

국회 의사당과 불과 50미터 거리에 2,200억 짜리 의원회관이 있다.

강원도 고성에 500억 국회 의정 연수원 짓고 있다.

죄짓고 안 잡혀가는 면책특권도 있다.

골프도 사실상 회원 대우.

마음에 안 드는 사람 언제라도 불러 혼쭐 내주는 '상시 청문회'와 지역구 민원을 국민권익위원회가 처리해서 3개월 내로 보고토록 한다.

국회의 권력이 이렇게 횡포를 부리는데도 국민들은 지켜보기만 한다. 이런 정보가 공개되지 않으니 국민들은 모르고 있고 알아도 포기하고 산다.

참여연대 '2011~2013년 특활비' 분석

2011년부터 2013년까지 국회의원들의 '쌈짓돈'인 특수활동비(특활비)를 가장 많이 받은 의원은 한나라당·새누리당 소속 황우여 전 의원인 것으로 나타났다. 민주통합당 원내대표를 지낸 박지원

민주평화당 의원이 뒤를 이었다.

참여연대 의정감시센터는 의원별 특활비 수령액을 분석한 '2011~2013 국회 특수활동비 지급내역 분석보고서2'를 발간했다.

분석 결과 원내대표를 맡았던 의원들이 모두 최상위권에 올랐다. 1억 5000만원 이상을 받은 의원도 21명에 달했다.

황 전 의원은 2011년 5월부터 2012년 5월까지 한나라당·새누리당 원내대표를 맡았고, 동시에 국회 운영위원장과 법제사법위원으로 활동하며 총 6억 2,341만 원의 특활비를 받았다. 박 의원은 2012년 5~12월 민주당 원내대표, 법제사법위원, 남북관계발전특위 위원장 등으로 활동하며 5억 9110만원을 수령했다.

그다음은 2011년 5월부터 2012년 5월까지 민주당 원내대표를 지나며 5억 5853만원을 받은 김진표 의원이었다. 이한구 전 새누리당 의원은 5억 1632만원, 전병헌 전 민주당 의원은 3억 8175만원, 최경환 전 새누리당 의원은 3억 3814만원, 박기춘 전 민주당 의원은 2억 3591만원, 김무성 자유한국당 의원은 2억 1837만원을 받아 챙겼다. 이들 모두 각 당의 원내대표를 지냈다. 특활비는 정책지원비, 단체활동비 등의 명목으로 지급됐다. 민주당은 원내대표 명의로, 한나라당·새누리당은 당직자 명의로 돈을 타 갔다. 해당 기간에 특활비를 받은 의원 가운데 현재 20대 의원으로 활동하고 있는 의원은 79명으로 확인됐다. 민주당 강창일·박영선·오제세 의원과 한국당 이군현 의원 등이 당시 1억, 박지원·김진표·이한구

5억여원 수령, "국회는 구체적인 내역을 공개하고 지급을 중단해야 한다"고 경고했다.

참여연대 측은 "특활비가 매달 정액 지급되거나 특수활동과 무관한 위원회나 부서에도 지급된 사실 등을 종합하면 결코 국회가 기밀 수사나 정보 수집 등을 위해 특활비를 사용한 것이 아니라는 결론이 나온다"면서 "국회는 즉각 구체적인 사용 내용을 공개하고 특수활동비 지급을 중단해야 한다"고 강조했다.

입법부는 이름에 맞게 입법활동을 하기를 바란다. 입법활동을 원활히 하기 위해 여야가 서로의 당리당략으로 인하여 입법활동을 방해받지 않도록 국민투표법을 가장 먼저 통과시키어 국민의 직접민주주의의 길을 확보하고 입법행위에 방해받지 않도록 전문위원에 관한 법을 개정하여야 한다. 그리고 국민소환의 조건을 대폭 쉽게 하며 국민입법 발의권을 확립하길 바란다. 국회의원의 연금법, 앞에 열거한 내용의 특권을 상식에 맞게 개정하여 국민이 정치에 참여하는 것이 기쁨이 되게 해주기를 바란다.

● 재판 잘못한 법관은 벌 받는 사법부

1. 평등권

우리나라 헌법에 규정된 평등권에 대해서 생각해 보도록 하겠다.

법의 정립, 집행, 적용에 있어서 불평등해서는 안 된다는 원칙인 '평등권'은 세계 대부분의 헌법에 규정되어 있으며, 민주 정치의 기본원리로 인정되고 있다. 우리나라의 헌법에도 "모든 국민은 법 앞에 평등하다"고 규정하고 있다 <헌법 11조 1항>이 법 앞의 평등권은 사법뿐 아니라 행정, 입법기관까지도 구속하는 법 내용의 평등을 의미한다. 여기에서 말하는 법은 국회에서 제정된 형식적인 의미의 법률뿐만 아니라 그보다 더 넓은 의미의 모든 법을 말한다.

이는 성문법과 불문법, 국내법과 국제법을 포함하며 헌법, 법률이나 그 밖의 모든 명령이나 규칙 등까지 모든 법이 여기에 포함된다. 또한 국민이란 자연인만을 뜻하는 것이 아니고 법인이나 법인격이 없는 단체도 포함하는 개념이다. 그리고 평등이란 절대적 평등이 아닌 "같은 것은 같게, 같지 않은 것은 같지 않게"라는 임의의 금지, 또는 합리적인 차별을 의미하는 상대적 평등을 의미한다. 따라서 누범자를 중벌한다거나 고소득자에서 누진세를 부과하는 것은 합리적 차별대우로 법 앞의 평등에 반하는 것이 아니다.

  헌법 제 11조 1항 후단에서는 "누구든지 성별, 종교, 또는 사회적, 문화적 생활의 모든 영역에 있어서 차별을 받지 아니한다."고 규정해 차별금지의 사유와 생활영역을 동시에 규정하고 있다. 성별에 의한 차별금지는 곧 남녀평등을 의미하는 것으로 공법상 영역에서는 물론 사법상의 영역에서도 남녀의 성에 관한 가치판단을 기초로 해 차별 대우하는 것은 용인하지 않는다. 종교에 의한 차별금지는 곧 종교 평등을 의미한다. 그리고 사회적 신분이란 사회생활에서 생기는 신분, 즉 자본가, 노동자, 농민 직업상의 지위 등을 말한다. 따라서 정치적, 경제적, 문화적 차별을 모든 생활영역에서 금지한다는 의미는 이러한 모든 분야의 불평등을 금지한다는 것이다.

  우리나라에서 일어나는 예를 보자. 2021년 8월 이재용 삼성 부회장을 가석방시키기 위해 규정까지 바꾸는 것을 보았다. 뒷거래가 있었으면 평등이 아니다. 없었다면 이재용과 같은 형기가 주어졌던 사람은 흉악범이나 반사회적인 범죄자를 제외하고 모두 가석방을 시켜야 할 것이 아닌가? 또 박근혜 전 대통령을 사면하였다. 그들은 왜 법률 제정하고 범죄한 자들을 왜 벌을 받게 하는지 대답해

보길 바란다. 개인적으로 미워서 벌을 주는 것이 아니고 그들이 잘 못하였음을 깨닫고 그 사람뿐 아니라 다른 사람들에게 경종을 울려서 앞으로 범죄하지 않게 하여 국민의 안녕을 보장하기 위함이다. 남은 형기가 18년이면 역시 같은 형량인 흉악범을 제외한 사람을 모두 사면해야 "모든 국민은 법 앞에 평등하다."는 헌법이 존중되고 지켜지는 것이다. 이것은 너무 쉬운 말인데 법을 지키지 않고 예외를 시키려니까 어렵게 하는 것이다.

2. 헌법을 없애고 하위법만으로 국가를 운영하면 어떨까?

우리나라에서 헌법은 최고의 권위를 가진다. 그러나 헌법이나 하위법은 국민을 위해서 만들었기 때문에 국민을 불행하게 하면 고쳐야 한다. 현재 우리는 헌법을 자주 개정하지 못해서 헌법이 시대를 따라가지 못하여 시민이 많은 고통을 받고 있다.

이것을 해결하기 위해서 헌법학자 이기우 교수의 견해는 새로운 방향을 제시한다. 과거에 개정된 헌법이라도 환경의 변화로 환경에 맞지 않을 경우 개정을 해야 한다는 것이다.

미국의 3대 대통령 제퍼슨은 법률이나 헌법은 17년마다 효력을 상실하게 하여 현세대의 규율로 사용할 수 있어야 한다고 했다.

또 헌법의 권위를 지나치게 강조하여 개정하기 어렵다면 우리가 고통스럽고 현시대 환경과 맞지 않는 법을 쉽게 고치기 위해서 헌법을 없애면 어떤가? 국민의 고통을 외면하면서 헌법의 권위를 지킬 필요는 없기 때문이다. 헌법은 우리 국민을 보호하기 위한 것이지 헌법의 권위를 지키기 위해서 존재하는 것은 아니다.

상위법인 헌법이든 하위법이든 시민이 고통을 받게 하는 것은 고쳐야 한다. 다시 말해서 시민을 불편하게 하고 행복하지 못하도록 하는 것은 고쳐야 하지 않는가?

3. 민주주의는 견고하다고 생각되는가?

생각보다 허술하게 무너지고 국가의 운명이 바뀐 브라질의 예를 소개하려 한다. 아무리 튼튼한 민주국가라고 국민이 무관심해도 되는가?

▶ 반면교사 : 브라질 세차작전의 검찰 사법 패권주의[*]

민주주의는 생각보다 허술하게 무너질 수 있다는 것을 보여준다. 브라질의 대통령으로 당선된 초등학교 중퇴의 노동자 '룰라', 그가 대통령이 된 이후 브라질의 빈민계층은 없어지고, 세계 8위의 경제대국으로 부흥하였다.

국민들의 지지는 80%가 넘었고, 세계각국의 정상들이 그를 칭찬했지만, '기득권과 언론' 들은 그를 헐뜯고 비난하였다.

〈위기에 처한 기득권의 반동〉

룰라가 퇴임하자 시작된 '세차작전(Opreation Car Wash)', 판사

---

[*] 이 글은 다음 출처에서 따온 내용입니다. 한겨레, "룰라 전 브라질 대통령, 580일만에 석방", 2019.1.9. 〈https://brunch.co.kr/hanahis11/30〉(2022.1.30.검색)

와 검찰이 내통하여 민주정부를 전복시키기 위한 '사법구데타', 검사는 진보 공직자의 구속을 유도하고 언론이 사건을 확대하여 부각시켜 대중의 분노를 유발하여 공격하게 한다.

이미 기득권의 한통속인 그들은 검찰이 증거가 약해도 기소를 하면, 판사는 예외없이 유죄판결을 내린다. 세차작전을 통한 사법구데타는 집권당 및 정부의 진보 인사들을 구속시켰고, 심지어 룰라의 후임 대통령도 범죄혐의를 씌워 탄핵시킨다. 룰라가 대선에 다시 출마할 경우 승리할 것이 100% 예상되자 뇌물죄 등의 혐의를 씌워 구속시키고, 피선거권을 박탈해 버린다.

반면에, 극우정당의 대선후보에게 제기된 소송들은 모두 기각하여 면죄부를 주었고, 결국 대통령으로 당선시켰다. 극우정권의 무능과 부패에 대하여 국민들이 저항해도 아무런 소용이 없었다. 저항하는 사람들은 검찰에 의해 구속되었고, 판사는 유죄판결로 저항의식을 합법적으로 감옥에 가두어 버렸다.

그 결과 세계 8위의 브라질 경제는 몰락하였고, 빈곤층의 고통은 룰라 이전으로 회귀하였고, 기득권의 이익은 룰라 이전으로 복구되었다.

'위기의 민주주의'

브라질은 민주주의가 과거처럼 총과 칼을 동원한 군부 쿠데타에 의해 전복되는 것이 아니라, 정치화된 사법권력이 '기득권 및 언론'과 손잡고 소리없이 민주주의를 전복시킬 수 있다는 것을 보여주는 실제 사례이고, 민주주의는 생각보다 기득권의 반동과 작전에 손쉽게 무너질 수 있음을 그대로 보여준다.

<지금 대한민국의 현실은 브라질의 사례와 너무도 닮아 있다>

세계 9위의 경제대국으로 세계 각국의 정상들이 집권당의 대통령을 칭찬하지만, 기득권과 언론은 헐뜯고 비난하고 있다. 심지어 극우정당의 대선후보는 노골적으로 '검찰공화국'을 주장한다.

법무부의 통제금지, 검찰의 예산권부여, 공수처폐지.

집권당 및 정부의 진보인사들과 달리 극우정당 및 대선후보 측근에 대한 검찰, 판사, 언론, 기득권이 보이는 이중적인 잣대를 보면, 과연 대한민국의 미래는 어떻게 될 것인가??

민주주의의 위기.

대한민국의 위기.

룰라는 감옥에서 인터뷰를 하면서 말한다.

"브라질 엘리트 계층은 빈곤층의 사회적 상승을 용납하지 않는다. 빈곤층에게 대학입학을 허용하고, 부유층과 동일한 인도를 걷게 하고, 쇼핑몰과 공항을 그들과 함께 이용할 수 있게 한 것이 내가 저지른 '죄'라면 그렇다."

대한민국 민주주의가 유지되기를 바라면서...

● 국민이 법률을 발의할 입법권을 만들기 바란다

1. 법은 상식적이어야 한다

상식은 생활 중에 생긴다. 국회의원들은 상당히 생활이 윤택한 이들이 대부분이다. 과거에 어려운 생활, 즉 개구리 올챙이적 생각을 다 잊어버리고 있다. 또 선거시기에는 당선되기 위해서 이것, 저것 좋은 공약을 실천하겠다고 득표를 위해 굽실거렸으나 당선되고 나면 초심과 공약도 모두 잊어버린다. 가짜 대표가 된 것이다. 당사자가 아닌데 꼭 필요한 좋은 법을 만들겠는가? 그래서 피해 당사자. 어려움을 당하는 당사자인 유권자가 입법권을 가져야 한다. 그런데 현 국회도 독재 잔재들처럼 주권자인 국민에게 입법권을 돌려주려고 하지 않고 있다.

2. 전관예우

민사와 형사 재판을 막론하고 전관예우를 받는 변호사를 쓰면 이길 수 있으나 서민들은 비용이 많이 들어서 그런 변호사를 고용하는 것이 불가능하다. 재판을 이기려면 막대한 비용을 들여서 우리나라 굴지의 법률사무소에 적이 있는 변호사를 고용해야 한다. 김앤장 등은 지검장, 고검장, 지방법원장, 고등법원장 등의 공직에서 바로 퇴임한 사람들을 고용해서 재판에 영향을 미치게 하는 것이다. 이런 법률사무소에 수임을 주면 대부분이 이길 수 있게 되는 것이다. 이것이 전관예우이며 '유전 무죄 무전 유죄라'는 말을 만든 것이다. 돈이 없어서 능력이 있는 변호사를 쓰지 못해, 전관예우를 받는 힘 있는 판사나 검사 출신을 알지 못해 억울하다.

3. 사면과 예외 규정 적용

사회적 특수계급의 제도는 인정되지 아니한다고 되어 있다.

이재용 부회장이 이전에 구속되어 있었을 때 오히려 삼성의 실적이 더 상승했다는 것을 아는가? 그때는 전문 경영인의 역할이 더 커졌기 때문에 더 큰 영업실적을 내게 되었던 것으로 생각이 되기도 하다. 그런 현상을 보면 경제 상황을 감안하여 감형하는 것이 옳은 일인가? 재판에 불리하면 거짓으로 기금을 내어놓을 것으로 하고 재판이 끝나면 없었던 일로 한다. 이렇게 생각하면 옳지 않은데 특혜를 주니 상대적으로 대다수 국민을 화나게 한다. 더 중요한 것은 그들이 죄를 반성하기는커녕 큰 잘못을 저질러도 잠시 있으면 나올 수 있기 때문에 그런 범법적 행태가 계속된다. 또 재벌들을 생각하면 참 딱하다. 죽으면 한 푼도 가져갈 수 없는 것을 편법을 저지르면서 경영을 하려는 것일까? 편법으로 재산을 늘리기 위해서 감옥에 가는 것이 무슨 유익이 있는가? 아무리 호화 감옥생활을 한다고 해도 그것이 영광스러운 일인가? 재벌들은 불리할 때 사회에 기금을 내거나 좋은 일을 약속한다. 이명박 전 대통령과 안철수 당 대표의 수백억씩 내어놓겠다는 약속을 하였다. 약속이 지켜졌는가? 기자들은 이런 면에서 영향력을 행사해야 할 것이다. 그전에 사회에 헌금을 하겠다는 것을 지키는지 지켜보고 확실히 약속을 지킬 때까지 추적해야 될 것이다.

4. 판·검사 임용 다양화 즉 사법고시의 부활과 법학전문대학을 통한 변호사 시험으로 자격시험을 실시한다

독일처럼 법원을 중앙과 지방에 나누어야 하고 판사와 검사를 투표로 뽑아야 한다. 정원 내에서 출마자들 중에서 다수의 표를 얻은 사람이 당선되는 방식이어야 한다. 물론 모든 선출직처럼 임기제로 매번 투표로 뽑는다. 재임용시에는 수사, 영장청구, 판결 불복 등의 성적으로 결정하여 국민의 권익을 수호하고 업무에 신중하도록 한다.

판사 및 검사의 주민 투표제를 실시한다.

현행 제도는 판사나 검사들에게 아무런 제재가 없으나 투표를 통해서 정화 기능을 할 수 있을 것으로 생각된다. 외부의 압력을 배제

할 수 있다. 물론 미국을 비롯한 외국에서는 실시되고 있다.

군사법원 및 군사검찰의 민간 조직으로의 편입을 시행해야 한다.

현재는 부대장들이 재판에 지대한 영향을 끼치고 있어서 이것을 막아야 한다. 현재 국방부 조직 내에 있는 군사법원, 군검찰을 국방부 외의 사법부 조직에 편입하여 권력이나 비전문가의 압력이 관여하지 못하게 해야 한다.

5. 공정한 재판을 위한 판·검사의 쿼터제 임용이 요구된다

자신이 같이 근무했던 상관이나 선배가 명함은 놓고 가면 판사가 자유로울 수가 있을까? 판사와 검사의 임용시 특정 학벌의 영향력을 분산하고 공정한 재판을 위해 특정대학 출신 상한 30%의 쿼터제를 실시한다. 선·후배 관계나 기타의 요소가 사적인 영향을 받지 않게 하는 방법이다.

우리를 숨 못 쉬게 하는 검찰 : 일제와 독재의 잔재인 검찰

한국 검찰은 행정기관이고 독일 검찰은 준사법기관이다. 한국 검사는 종국적인 법적판단을 할 수 없다. 독일의 헌법재판소에서 만들어낸 준사법기관이란 용어는 기소법정주의에 근거가 있다. 사법은 상관의 명령으로부터 자유롭고 재량도 허용되지 않고 오직 헌법과 법률대로만 업무를 하도록 하는 것이다. 기소 독점권을 폐지하고 개인에게도 주어야 한다.

사법개혁보다 앞서서 검찰 개혁이 더 중요하다. 브라질의 룰라 대통령이 빚덩어리의 나라를 세계 8위의 경제 대국으로 만들었다. 온 세계 정상으로부터 칭찬을 받고 국민의 80%의 지지를 받았다. 검찰, 사법, 언론이 합작한 기득권들이 공격할 때 나라가 순식간에 무너지는 데 여기에 대비해 우리는 무엇을 해야 될까?

기소법정주의는 검사의 재량행위이며 상관의 명령에 대한 견제 장치이다. 독일은 법원조직법에 검찰의 조직과 업무가 규정되어 있다.

연방대법원에는 연방대검찰청이 있고 주고등법원에는 주고등검철청이 있으며 지방법원에는 지방검찰청, 구검찰청 등으로 조직되어 있다. 형사절차상의 소추권을 행사할 뿐이다.

　법무부 장관은 검찰 사무의 최고 감독자로서 일반적으로 검사를 지휘 감독하고 구체적인 사건에 대하여는 검찰총장만을 지휘 감독한다<검찰청법 제 8조>고 되어 있다. 개별 검사는 독립적일 수 없고 상관의 지시를 받아야 한다.

　따라서 검찰권은 법원에 법적 판단을 요청하는 기능에 그쳐야 한다. 우리나라의 검사는 얼마나 마음대로인가? 검사가 조사하고 싶으면 조사하고 원하지 않으면 조사하지 않을 수도 있다. 최근 대장동 사건의 조사를 보자. 명확하게 50억을 받은 것이 통장에 있는데도 검사들의 수사가 어찌 그리 느린지? 증거를 모두 없앤 다음에 소환하고 조사하겠다는 것인지? 이런 상황에서 야당의 대선 후보는 공정을 이야기하고 있다. 자신의 장모가 주범인데 주범은 조사하지 않고 종범들만 감옥살이를 하다가 그가 검찰을 떠나자 주범인 장모가 구속되었다. 또 야당 후보가 당선될 것 같아서인지 엊그제 야당후보의 장모 주범이 무죄로 풀려나왔다. 신정아는 학벌 위조로 온 언론이 오랫동안 감옥에 갈 때까지 떠들어 대어 감옥에 갔다. 야당 후보의 부인의 논문과 경력 위조에 대해서는 어떻게 그렇게 언론은 조용한지? 검찰은 수사나 기소도 안 하고 있는지? 어떻게 똑같은 사건을 놓고 전혀 다른 태도를 보이는 검사나 언론을 우리는 어떻게 보아야 하는지? 검찰은 잘하고 있는 것인지? 검찰의 가족은 처벌을 안 해야 하는가?

검찰 출신 김학의는 무죄, 강원랜드 채용비리로 많은 사람을 부정으로 청탁해서 관계자들이 구속되었는데 검찰 출신 권성동 의원은 무죄에 가까워지고 있다. 같은당 김성태 전의원은 자신의 딸 한 사람의 취업을 청탁하고 총선에 출마할 수가 없었다. 권 의원은 많은 사람을 청탁했지만 검사이고 김 전의원은 검사가 아니라는 차이가 있으나 이것이 공정한 것인가? 부산 저축은행 사건도 왜 조사하다가 말았고 엘시티도 수사하다가 중단했다는데 사실인가?

대장동 사건은 왜 이리도 느리게 수사하는가? 이런 검찰을 믿을 수가 있는가? 몰래 출국을 불법적으로 저지했다고 저지한 쪽이 조사받는다고 야단이다. 도둑을 불법적으로 잡는 것이 무엇인가? 만일 우리 소시민이 몰래 출국하려는데 불법적으로 저지하였다고 처벌받은 적이 있는가? 힘없는 사람들이 죄를 지었으면 순식간에 소환했을 것이다.

이런 사람들이 공정을 이야기할 수 있는가? 이런 사람들을 따라 다니는 사람들은 무슨 생각을 가지고 있는지? 컴퓨터로 말하면 프로그램이 고장이 난 것이다. 대장동 사건에 관련된 사람들도 대부분이 검사이다. 검사여서 대책을 세울 수 있는 시간을 주기 위해서 느린 수사를 하고 있는 것일까? 특별검사를 도입하자고 한다. 지금까지 특별검사가 조사한 것치고 국민을 속시원하게 조사한 적이 있는가? 국민을 놀리는 면죄부를 주는 작전이었다.

더 나쁜 것은 비비케이를 조사해달라고 제소했는데도 검찰이 신속하게 조사하지 않고 고소자를 도리어 감옥에 처넣어서 우리나라의 운명을 바꾼 것이다. 이는 반란과도 같고 피해를 가해자로 만든 자들을 처벌해야 하며 국가는 거기에 대한 보상을 해야 할 것이다. 검찰이 일을 안 하고 대선과 정치에 개입한 것이다. 그래서 검찰, 정말 무서운 것이다. 대통령 권한보다 막강한 것이다. 지금도 큰 비리가 있는 곳에서 검찰의 권한은 더욱 막강하다. 법무부 소속 행정공무원이라는 검사가 대통령 선거를 좌우하는 무소불위의 권력이다.

의정활동에서 이권을 챙기며 아무 일도 안 하고 방기하는 자들과 무엇이 다른가?

이제 일하지 않고 사욕만 챙기는 자들이 모두 물러날 때가 되었다. 애국자들의 피를 빨아 먹는 것과 같다.

우리의 법률 체계는 일제시대의 법률이 대부분이다. 독립을 이루었으니 더 좋아졌을 것이라고 생각할 것이다. 하지만 그 반대이다. 거기에 독재자들이 국민을 억압하기 쉽게 하려고 살을 붙여서 새로운 악법을 추가했다. 국가 조직 자체도 헌법재판소, 검찰의 기소권, 무슨 위원회, 국회의 힘을 빼서 유명무실하게 만드는 국회전문위원 등을 만들었다. 또 반공법, 국가보안법을 덧붙이고 재판에서 억울한 사람이 재정신청을 못 하도록 해 놓았다. 이러한 법은 일제 강점기부터 독재의 유지를 위한 법률로써 도저히 민주주의라고 할 수 없으나 국민은 물론 국회의원은 알고나 있는지? 아는 사람이라면 이것을 개혁하려고 했는지? 물어보고 싶다. 알아도 자기들의 기득권 유지를 위해 독재의 나쁜 법률을 모른 척하고 그것을 활용하는 것 같다.

이번 기회에 대통령 권한보다 힘이 센 검찰의 권한을 약화시키고 국정 운영이 제대로 되게 해야 할 것이다. 그것이 바로 기소권 독점이다. 기소권을 국민 모두에게 주어야 할 것이다. 국정에 개입의 개연성을 없애야 할 것이다.

대표적인 것이 야당일 때는 개혁해야 된다고 외쳐대며 투쟁을 하더니 정권을 잡으니 슬그머니 거두어들인다. 반대로 여당 때는 개혁하면 안된다고 하더니 야당이 되어서는 개혁해야 한다고 장외투쟁을 하고 야단이다. 얼핏 보면 국민을 위해 일이나 하는 것 같다. 또 사회부조리가 생기면 여야가 한목소리로 외쳐댄다. 일벌백계해야 한다고 하다가 여야에 관련자가 많아지면 한참 소란을 피우다가 조용해지는 것이다. 여당은 관련자들 징계나 제대로 했는가? 이것이 짜고하는 것, 즉 낮에는 야당 밤에는 여당으로 서로 봐주기를 한 것이다.

앞에서 말한 대로 한가지 사안을 두고 개정해야 되는가 안 해야 되는가? 그야말로 간단하다. 국민 투표에 붙이면 되는 것을 할 일 없이 세비만 받기가 미안하여 일하는 것처럼 싸움질만 한다.

기득권 보호를 위해서 개정하기를 꺼려하는 국회의원, 국회 전문위원, 정부, 법률과 조사하는 경찰과 검찰 판사 등 모두 한통속이다.

이것이 우리나라 발전을 막고 자살율 1등이 되는 가장 중요한 제거해야 할 악의 뿌리이다. 이들이 우리나라를 불행으로 몰고 가는 집단이 아닌가? 우리나라 국민이라면 이렇게 할 수가 있을까? "나라가 당신들의 사유재산인가?" 예나 지금이나 마찬가지이다.

 제대로 조사를 잘했다고 가정하자. 검찰이나, 특검, 또는 공수처가 조사한 사실을 믿겠는가? 부산은행 사건과 엘시티 사건은 국민의 힘이 안 믿을 것이고 대장동 사건은 민주당이 안 믿을 것이다. 어차피 안 믿을 것이면 국민을 농락하는 조사는 왜 하는가? 소수당이 집권하여 재야 변호사와 국민이 대거 참여하여 국민의 마음이 시원하게 조사할 수 있을 것이다.

 아무도 견제할 수 없는 이러한 특권을 가진 검찰이 신속한 조사를 하게 하려면 경찰이나 국민이 기소권을 가져야 한다. 국.사립탐정 제도를 신속하게 도입하여 경찰이나 검찰처럼 조사권을 주어 수사하게 하여 수사 인력을 대폭 증강시키는 역할을 하고 억울한 사람이 없도록 해야 할 것이다. 우리나라에 다시는 국민과 대통령 권한보다 막강한 권한은 없어져야 할 것이다. 이번 대선에서 깨끗이 청소하자.

 이들은 물러나라고 해도 물러나지 않으니 국민이 투표로 물리쳐야 한다.

 소수당은 이런 사건과 관련이 없는 제삼자의 입장이고 국민을 시원하게 해서 인기를 끌어야 하기에 시원한 결과를 내어 놓을 수밖에 없을 것이다.

- 1, 3, 4심(현재 헌법재판소 역할)을 맡는 4심제 도입
  : 신속공정한 재판

◆ 국민을 억울하게 하는 사법상 문제에는 우리나라에는 삼권분립은 없고 5권 독립만 있다

이것을 해소해야 국민이 억울함에서 해방될 수 있다.

대법관과 대법원장 임명을 보면 정치권의 영향이 크다. 삼권분립이 있으면 서로 견제기능이 있다. 우리나라의 삼권분립은 서로 견제기능은 없고 불간섭하는 독립이 있어서 수사를 잘못한 검사나 재판을 고의로 잘못한 판사도 탄핵이나 벌을 받는 일이 없다. 국회의원 중 이수진 의원과 이탄희 의원 외에는 법관 탄핵하는 것을 알고 있지 못하는 수준이다.

이탄희 의원이 법원조직법 개정 반대와 김앤장 독식법을 추진으로 열심을 내어 개선에 앞장서고 있다. 얼마나 어려울까? 다수 의원이 무식하고 무관심해서 공황장해로 당분간 의원 생활을 접으려 하고 있다고 한다.

이수진 의원은 법관 탄핵을 하려고 해서 고소를 당한 상태이다. 요즈음 너무나 비상식적인 엉터리 재판을 하는 것을 보며 우리나라에 국회의원이 2명 밖에 없는지 의심스럽다.

잘못된 재판에 항의를 할 수 없는 우리 법체계, 즉 법관이 면책특권을 갖는 초법적인 존재가 된 것이다.

판사가 고의적으로 위법하게 재판을 해도 법관들의 불법을 문제 삼아 국가 배상을 청구하지 못하게 되어 있다. 그래서 판사들은 초법적인 존재가 되었다. 적법하게 재판하였으면 1심으로 끝날 것을 2심과 3심까지 가도록 한 피해는 모두 국민의 몫이 된다. 국민의 피해는 시간이 오래 걸려서 빨리 권리를 찾지 못한다. 이로 인한 스트레스로 병에 걸리거나 죽는 일이 발생할 수도 있다. 생업에 지장이 오고 재판 비용이 많이 든다. 여러번 재판하면 국가적으로 손해가 되고, 재판의 건수가 많아져서 부실 재판으로 이어지게 된다.

독일의 경우는 13%의 법관이 재판의 잘못으로 벌을 받는다. 그래서 판결하는 데 집중한다.

나는 증권회사를 상대로 증권회사의 난매로 재판한 적이 있다. 증권회사의 지점장이 너무 심하게 난매해서 증권회사의 감사실에 연락하려 했더니 지점장이 찾아와 손해에 대해 변제하겠다며 지점장 이름의 각서를 쓰고 살려 달라고 사정을 해서 연기 해 주었다.

변제의 가망이 없어서 회사를 상대로 고소하여 재판을 하였다.

1심 재판에서는 내가 이겼다. 회사가 항소하였다. 2심에서 회사가 승소하자 나는 재판이 엉터리라는 것을 알았다. 그래서 변호사가 상고를 권유해도 강력하게 거부하였다. 그런데 변호사가 상고하였다. 결과는 예상대로 내가 패소했다고 법원에서 연락이 왔다. 빤히 결과를 알면서 왜 상고를 권유한 것일까? 대번에 내가 지게 하면 1번의 재판으로 끝이 나니까 명분상 옳은 내가 1심은 이기고 2심은 회사가 이기고 3심은 개인인 내가 지게 만들어서 변호사 수임료를 3번 부담하게 한 것이다. 같은 교회 직분을 가진 사람이어서 믿고 맡겼다. 그래서 나는 상고를 안 한다고 했는데 당신이 임의로 3심을 했으니 당신이 부담하라고 강력하게 해서 2심까지만 부담하기로 하였다.

한번 바르게 재판하면 끝날 일을 왜 3회의 재판을 하게 만든 것일까? 이런 사법부를 믿을 수 있겠는가?

대안은 1심과 3심은 배심원과 인공지능이 재판을 맡으면 재판이 공정하다. 신속하다. 공정하게 재판하니 2심 3심이 필요 없다. 2심은 합의 재판부 재판관이 하더라도 재판 건수가 적어서 꼼꼼한 재판을 할 수 있다.

1심으로 끝나는 방법은 인공지능과 배심원이 1심과 3심을 맡는 방법이 있다. 그러면 지금보다 훨씬 공정한 재판이 되어 항소하는 경우가 거의 없게 될 것이다.

헌법재판소를 3권분립의 체재 내의 법원으로 편입시켜 한가지 역할을 맡는 것으로 한다. 헌법재판소법에서 재판관의 숫자를 대폭 증원하고 법조문 적용이 맞는지, 재판이 공정한지 소원을 허용해야 할 것이다. 독일의 헌법재판소에서 다루는 95%가 헌법소원이며, 그 대부분이 재판소원이다. 현재 우리나라는 법관이 9명이며 재판 소원을 금지하고 있다. 이것도 인공지능과 배심원이 맡아야 할 것이다.

헌법재판소가 독재의 산물임을 증명한 사건이 두 가지가 있다. 최근에 일어난 불법 재판관 임성근 판사의 국회의 탄핵 결정을 헌법재판소에서 부결시킨 것이다.

또 국회에서 결정한 박근혜 대통령 탄핵을 왜 헌법재판소에서 다시 결정한단 말인가? 독재자의 뜻에 따라서 바뀔 수도 있고 판결까지 긴 시간이 걸렸다.

민주국가에서는 국가의 주인인 국민의 권력이나 결정은 최후의 결정으로서 국민의 결정을 번복하거나 무효화 할 수 있는 것은 아무 것도 없다. 이것이 민주국가인 것이다. 국회는 국민의 대표로서 국민의 권한을 대신 한 것이다. 국회를 무력화하여 국민을 억압하기 위한 방법인 것이다.

폐지한다면 인공지능이 재판관이 법을 제대로 적용했는가, 재판이 제대로 되었는지를 검증하는 역할을 해야 할 것이다.

법원 내부의 배심원제도를 도입하여 영미와 같이 배심원이 유무죄를 판단하는 결정권을 갖도록 한다.

법률은 상식적이어야 하므로 법률 조문이 잘못되었으면 사법부에서 이의를 제기할 수 있어야 3권분립이 이루어진 것이다. 전관예우를 차단하는 법률이 만들어져야 할 것이다. 공정한 재판을 위해 법원 체재를 인공지능과 배심원이 1, 3, 4심을 맡도록 변경해야 할 것이다. 법관임용을 고시출신, 법학전문대학원 출신으로 다양화하고 선거제를 도입해야 한다. 외부의 압력이 작용하는 것을 막기 위해 쿼터제 임용을 도입하길 바란다. 최후의 보루인 법적용의 검토를 공정하게 하기 위해 인공지능과 배심원이 헌법재판을 하도록 해야 하지 않겠는가?

배심원과 인공지능을 도입해서 공정하고 신속한 재판을 해야 할 것이다. 외부의 압력으로부터 자유롭와 공정하고 신속한 재판이 이루어질 것이다. 대부분이 1심에서 불복하지 않아 재판의 건수가 1/3 이하로 줄어서 판사들의 격무를 해소시키고 충분한 심리를 할 수 있다. 재판의 원고와 피고에게 신고한 재판으로 부담을 현저하게 줄일 수 있게 할 수 있길 바란다.

- 국민의 탄핵을 받는 5권(입법, 사법, 행정, 검찰, 헌법재판관)
  : 탄핵을 쉽게 할 수 있어야 탄핵당할 사람이 없어진다

    우리나라는 3권분립은 없고 5권 독립이 있을 뿐이다. 1심과 2심이 비상식적으로 반대의 판결이 나오기도 한다. 탄핵이 있어야 올바른 재판을 할 수 있게 될 것이다. 재판을 바르게 하도록 하면 쉽다. 이런 것에 국회는 관심도 없다. 국민 청원권을 활용해서 국민 10만 명 이상 서명을 받아 국회에 제출하고 국회는 논의를 거쳐서 10일 이내에 국민투표 일정을 정하여 국민투표에 붙여서 찬성이 많으면 탄핵되도록 해야 할 것이다. 대의 민주주의로 해결하지 않고 있는 문제를 직접 민주주의로 해결해야 한다. 이것이 민초가 입법부, 행정부, 사법부, 헌법 재판소 및 검찰을 견제하는 방법이다.

    행정부가 청와대와 대법원 판사들이 사법 농단한 사실이 밝혀져도 연루된 법관들이 제 식구 감싸기 재판으로 무죄로 풀려나고 있기 때문이다. 이것도 위와 같은 방법으로 국민투표로 결정하면 된다. 대통령과 대법원장도 국민의 뜻에 따라서 탄핵이 될 수 있다.

국회의원이 당리당략을 위해 싸울 필요도 없이 간단히 해결할 수 있다.

　이렇게 비이성적이고 무관심한 것은 국회의원 중 법관 출신이 많은 것이 원인이다. 공과 사를 분명히 가려야 할 것이 아닌가? 이렇게 제 식구 감싸기를 하려면 아예 법률로 "모든 검사와 판사와 가족은 치외 법권을 갖는다."는 항을 헌법 11조에 추가하길 바란다. 지금 말도 안되는 현실이 전개되고 있기 때문이다.

　이렇게 쉽게 탄핵할 수 있도록 국회의원들이 국민투표 시행법을 만들어야 할 것이다.

　이렇게 쉽고 명쾌하고 좋은 방법을 왜 사용하지 않는지?

　이번에 역사상 첫 번째의 법관 처벌에(헌법재판관) 황당한 일이 일어났다. 임성근 전 부장판사 탄핵 심판 청구 기각이라는 것이다. 우리나라의 법관들은 상식도 없는가? 국민의 대표기관인 국회가 결정한 사안을 헌법재판관이 가·부를 정한다는 자체가 어쩌구니 없는 사건이다. 세계 어느 나라에 법학자나 법률가라는 자가 이런 비상식적인 법을 만드는 자가 있겠는가? 우리나라에만 있을 뿐이다. 브라질의 세차 작전이란 기득권의 반란에서 사법부의 역할을 보며 우리는 어떻게 해야할 것인가?

　사법부는 행정부를 견제하여 평등권이 잘 지켜지도록 해야 할 것이다. 사면권과 이재용 부회장의 특혜 같은 일이 있을 때 국회에서 논의해서 잘못되었으면 제동을 걸어 견제해야 할 것이다. 견제를 위하여는 탄핵을 쉽게 할 수 있게 하는 법안을 만들어야 할 것이다. 이러한 조건을 만들기 위해서 입법부에서 법률적인 검토와 연구 및 개정으로 뒷받침을 해야 할 것이다. 헌법을 없애든지 정기적으로 자주 개정할 수 있게 해서 국민 생활에 불편함이 없게 해야 할 것이다.

선거, 치열함을 벗고 축제가 되다

원칙적이어야 할 행정부
: 공직자의 부정은 공소시효 무한

• 생각을 바꾸면 정치는 쉽다

"정직은 최선의 정책"이라고 링컨은 말한다.

정치는 참으로 쉽다. 원칙대로 정직한 마음으로 시민을 위하여 봉사하면 되기 때문이다. 시민들은 그들에게 감사하고 행복해할 것이다. 요즈음 정치인에게 감사하는 사람이 있는가? 국민에게 허락받고 국민이 원하는 정책이나 사업을 실시하는지 묻고 싶다. 국민에게 허락받고 도둑질하고 이권 챙긴 국회의원이나 정치인이 있나요? 공무원 봉급 받아서 자녀들 가르치고 생활하면서 빌딩들은 어떻게 사는지 모르겠다. 물론 소수 공무원의 이야기이다. 온 국민을 불안으로 몰고 있는 부동산 정책 국민에게 물어보고 실시하는가? 왜 그토록 요구하는 아파트 원가를 공개하지 않는지? 원가 더하기 알파에서 알파로 무슨 거래가 있는 것인가? 아니면 공개하길 바란다. 원가 공개만 하여도 아파트값은 절반 이하로 많이 떨어질 것이다.

공기업인 LH 공사가 무엇 때문에 생겼는가? LH 공사는 한국토

지주택공사법에 의하면 토지의 취득, 개발, 비축 공급, 도시의 개발, 정비, 주택의 건설, 공급, 관리 업무를 수행하게 함으로써 국민 주거생활의 향상과 국토의 효율적인 이용을 도모하여 국민경제의 발전에 이바지함을 목적으로 한다. 왜 부동산값을 올렸는지 살펴보았다. 법문에 보면 양질의 주택을 최저가로 공급한다는 말이 없다. 도시의 개발은 또 무엇인가? 아무 생각 없이 국민이 원치 않는 쪽으로 집행한다. 우리 식량을 생산하는 기름진 곡창(평야)의 한가운데 집단 주택을 짓는 것이 생각이 있는 개발인가? 평야는 한번 망가지면 회복할 수가 없다. 왜 수도권에 아파트를 짓는가? 주택이 부족한 것이 수량만 채워서 해결될 일인가? 이런 것을 보면 가슴이 갑갑하고 화가 치민다. 앞으로 식량이 무기화될 때는 어떻게 할 것인가? 인구가 이동하면 부족한 아파트 수요를 충족시킬 수 있다.

  대통령을 비롯한 정부 관료들과 국회의원들은 무엇을 하고 월급을 받는가? 정책이란 한 가지만 가지고 이루어지지 않고 여러가지가 복합적으로 얽혀져 있으니 복합적으로 분석해서 환경과 시행할 때에 어떤 결과가 나타날 것을 평가한 다음에 시행해야 한다. 예를 들어서 인구가 줄어드는 이상으로 수도권 대학 정원을 감축하면 수천억원 내지 조 단위씩(?) 잉여금을 보유하고 있는 대학이 지방으로 내려가게 될 것이며 학생과 함께 학부모가 이동하기 때문에 아파트를 더 짓지 않아도 되는 것이다. 또 대학 무시험제를 도입하면 수도권으로 인구가 집중할 필요가 없을 것이다. 이것은 장관과 대통령의 역량이라고 할 수 있다. 모든 정책을 토론하고 국민에게 알리고 국민투표로 결정한다면 정책 실패가 훨씬 줄어들 것이다.

또 공사의 자본금을 40조로 한다는 데 원가 공개하지 않고 폭리를 취한 LH 공사는 몇 배로 자산을 늘려 놓았는지 공개하길 바란다. 국회의 전문위원이 몇00 명인데 그들은 또 무엇을 하고 있는가? 그 분야의 박사들이 그리 많은데 국회의원의 보좌관은 어찌 그리 많은지? 몇 명만 남기고 줄이길 바란다. 그렇게 비싸게 아파트를 팔아도 경영이 부실한 것은 도둑이 많아 예산이 줄줄 새기 때문이다. 경영이 부실하면 경영평가를 해서 규모를 줄이고 경영 효율을 높여야 한다. 그래도 마찬가지이면 도둑이 축내는 것이다. 아파트 가격이 올라간 이유는 LH 관계자 및 친인척들이 계획을 세우고 시행되기 전에 정보를 가지고 미리 사두어 부지를 비싸게 팔고 그들이 고물을 떼어먹기 때문이다. 그뿐인가? 오래전 일이다. 어찌 된 일인지 도로를 확장하는 사업에서 1천만원 정도의 도로 안쪽의 땅을 포함해서 3천만원씩 보상해 주었다는 것인데?

LH 공사법대로 라면 오르기 전 공시가격으로 토지를 수용해야 할 것이다. 땅 장사를 하는 LH 공사가 적자를 낼 이유가 있는가? 아파트를 직접 짓지도 않는데 많은 직원은 필요가 없다. 그런데 자본금의 3.415배인 136조6205억원의 부채를 가지게 되었다는데 감사원은 무슨 감사를 했고 국회와 건설부는 무엇을 하고 있었단 말인가. 그렇게 역할을 제대로 못하면서 부채를 늘인다면 폐지해야 할 기관이 아닌가?

무슨 기관이든지 설립 당시의 목적을 달성할 수 없거나 LH처럼 유지에 많은 비용이 소요된다면 당연히 즉시 폐지하고 부정이 있는지 수사해야 할 것이다.

국정뿐 아니다. 지방정치도 돈을 많이 쓸 수 있는 사업을 잘 기안해 오는 직원이 유능한 직원일 것이다. 예산을 적게 들이고 시민들의 삶을 편하게 해야 할 것인데, 필요 없는 공사를 해서 예산을 낭비한다. 모든 공사가 시작된 후 공사비가 낮아지는 경우가 있는가? 왜 공사비는 반드시 올려야 하는가? 왜 모든 공사가 설계 변경을 반드시 하는가? 충분히 계획을 세워서 설계 변경과 추가 비용이 들지 않아야 될 것이 아닌가? 설계가 변경되면 감사를 받아야 하는 것이 아닌가? 내부에서 요식행위인 건설 위원의 심사로 어물쩍 승인하고 넘어가서는 안 되고 감사원 감사를 받아야 한다.

감사원 감사를 받는 것 자체로 비리를 저지를 생각을 하지 않아 예방의 효과가 있다.

다음은 정부의 조직 별로 제대로 돌아가고 있는지 살펴보아야 할 것이다. 잘못된 부분이 있는 곳의 해법을 제시하였다.

이번 LH 비리를 통하여 모든 공공기업의 경영 적정성 평가가 이루어지고 부조리한 회사는 모두 수사해야 할 것이다. 매년 적자를 낸 기관은 무조건 경영 평가와 감사를 받아야 하고 수사를 할 수 있도록 법적인 장치를 마련해야 할 것이다.

• 인사혁신은 어떻게?

인사혁신처는 국무총리 소속으로, 공무원의 인사 · 윤리 · 복무 및 연금에 관한 사무를 맡아본다. 2014년 11월에 신설되었다.

인사가 만사라는 것이다. 인사를 잘하는 것이 지도자의 능력이듯 능력 있는 인사를 잘 등용하는 것이 국가경영에 가장 중요하다. 국민과 함께 만드는 등용, 국민 추천제가 잘 활용하면 중요하다. 국민과 함께 만드는 국가인재 인사 제도가 잘되면 국가경영이 잘되는 것이다. 즉 일한 만큼 대접을 받는 것이 중요하다. 다른 부서에 대해 차별받거나 놀고먹는 부서가 있으면 억울한 마음이 생긴다. 즉 채용제도, 승직, 보좌 관리, 성과 보수, 연금 복지, 인재 개발, 복무 제도 윤리 제도, 재해 보상 등이 공정하게 이루어져야 한다. 이것이 잘되고 있는지 철저한 감사가 필요하다. 이런 일이 잘 이루어지는지 내부신고제도를 운영하여 신고해서 사실이 드러나면 1년 봉급만

큼의 보너스를 주는 제도를 도입 해야 될 것이다. 학연, 지연, 혈연이 작용되지 않도록 철저하게 제도적으로 이루어져야 한다. 생각하기 나름이지만, 성적이 좋음에도 불구하고 몇 차례 승진에서 지역차별이나 뇌물 등 여러 조건에 의해 탈락되어 자살하는 사람도 보았다. 이런 것들이 자살율에 연결된다. 똑같은 일을 해도 열심히 하던 누구든지 최고가 될 수 있는 기대가 있으면 일하는 것 자체가 즐겁고 행복한 것이다. 사회 전체가 활기 있고 봉사하는 공무원 사회가 될 것이다. 룩셈부르크는 세계 제일의 국민 소득과 행복한 나라로 알려져 있다. 모든 민원은 하루에 처리해주고 다음 날에는 찾아와서 불편한 점이나 도울 일은 없는지를 알아본다. 회사를 차리려면 3년이 걸린다는 우리나라와 너무나 대조적이다. 갖가지 조건을 붙여서 지연시키면 잘될 수 있는 회사도 시간을 끌면 비용이 많이 들고 기회를 놓치면 실패하게 된다. 급행료를 내야 할 수 있는 조건을 만든다. 우리나라는 다른 나라보다 전산화가 많이 되어서 이전의 정원보다 10분의 일만 가지고도 이전만큼 일을 할 수가 있다. 우리나라도 다른 나라 이상으로 할 수 있는 여건이 갖추어져 있다.

국가 취업 시험관리 위원회를 통과한 사람 중에 2차로 회사가 공정한 임용.

모든 취업은 필기시험으로 정원의 120%를 국가에서 선발한다. 이 중에서 실기나 면접을 통해서 회사나 공기업에서 선발한다. 물론 큰 대회의 입상은 큰 가산점을 주어 특별한 재능을 인정받게 한다.

우리가 잘 알고 있는 강원랜드의 부정 취업 사건이다. 200명을 선발하는데 국회의원 권성동 의원이 대부분 영향을 미쳐서 임용되었다고 무던히 언론에서 요란을 떨었다. 그런데 후속보도는 나왔는가? 우리 범인이 볼 때는 거의 범죄를 확인하기에 이른 것 같다. 보도에 따르면 김성태는 딸 한사람의 청탁으로 정계를 은퇴하였다. 김성태 전 의원과 권성동 의원의 차이는 무엇인가? 김성태의원은 검사 출신이 아니다. 한사람의 청탁이다. 권성동 의원은 검사 출신이다. 권의원은 13명을 청탁했다. 그리고 그 댓가로 의원 보좌관을 채용했다.

최근 언론 보도에는 "김성태 전 의원은 나쁜 청탁, 권성동은 착한 청탁이냐"며 "윤 후보는 권성동 사무총장의 강원랜드 청탁 의혹에 대한 입장을 밝히라"고 요구했다.

또 언론 보도는 "강원랜드 채용 비리는 1차 교육생 선발 인원 320명 중 89%, 2차 교육생 선발 인원 198명 전원이 취업청탁대상자로 밝혀지고 최흥집 전 강원랜드 사장, 염동열 전 의원 등이 징역형을 선고받는 등 큰 충격을 줬다"며 이같이 밝혔다. 명확하게 범죄가 밝혀졌어도 왜 벌을 면한 사람이 있는가?

또 "현 국민의힘 사무총장이자 윤 후보 핵심 관계자로 언급되는 권성동 의원도 강원랜드 채용 비리 사건에 연루됐다는 혐의로 대법원의 판단을 기다리는 인물"이라며 "권 의원은 교육생 선발과정에서 13명을 채용 청탁한 혐의, 강원랜드 청탁을 들어주는 대가로 자신의 비서관 채용을 청탁했다는 혐의, 강원랜드 사외이사 채용 과정에 외압을 행사했다는 혐의 등을 받고 있다"고 지적했다. 이것은 누가 옳고 그름을 말하는 것보다 법원 재판에서 관계자들이 모두 구속되어 징역형을 받았는데 어찌 권성동 의원은 구속이 되지 않았을까?

 김성태 전 의원은 '딸 특혜 채용' 문제로 서둘러 손절했지만 '강원랜드 채용 청탁' 의혹의 권 사무총장만큼은 절대로 놓지 않는 윤 후보에게 공정이란 무엇인가? 권성동 의원을 핵심관계자로 기용한 야당의 후보는 당시 권의원의 행태가 현행 청탁금지법에 반하는 행위인지에 대한 의견도 명백히 밝혀야 할 것이다. 이렇게 더 중한 범죄자가 법망을 피해간 것은 빠져나가게 한 사람이 있다는 것은 의식이 있는 사람은 모두 인정할 만한 사실이 아닌지? 공정?

 어디 이뿐인가? 은행의 부정 채용, 공무원 경력자 부정채용 및 오류를 알고도 시한이 지났다고 미안하단 사과 한마디 없다. 국가 공무원들이 잘못으로 인하여 임용에 불이익을 받은 사람들은 운명이 바뀐 것이다. 이에 대해 국가는 당연히 보상하고 바로 잡아야 한다. 그래서 공직자의 비리는 공소시효가 없어야 한다는 것이다. 공소시효가 없었으면 모든 것을 신중하고 비리가 없어질 것이다.

 복지부동의 해결책(앞장에 참조)

복지부동하는 공무원들은 어떻게 할 수 있을 것인가? 복지 분야는 너무 일이 많아 자살하는 사람까지 생겼다. 너무 공무원 숫자가 많은데 왜 이런 일이 일어날까? 이런 일은 문제없이 해결할 수 있는데 왜 안 되는 것일까? 새로운 장관이 와서 지시하면 대답은 잘 하고 시간 끌기를 해서 장관은 아무 일을 못 하고 결국 월급만 타고 있다가 퇴임한다는 것이다. 이것이 정부의 역량이다. '개방형 임용제도'를 이용하면 간단하다. 장관이 임용될 때 요직의 캐비닛을 만들어 입성해서 명령 체계가 잘 전달되도록 한다. 공무원 연수원이 있지 않은가? 명령을 잘 수행하지 않고 시민의 공복이 되기를 꺼리는 공무원은 자질이 없으므로 연수원에서 복지교육을 시켜서 인력이 부족한 복지 분야로 전출시킬 수 있다. 그러면 부족한 복지 분야 과부하도 해결되고 경쟁적으로 국민의 공복임을 자처할 것이다.

"어떤 부서에 문제가 있어서 신고하였는데 직장 상사가 묵살하여 문제가 생기면 그 상사는 해임하고 형사 고발조치 하도록 한다. 고발자는 1년 분 봉급에 해당하는 보너스를 지급한다."는 법을 만들어 공무원이 스스로 정화할 수 있도록 한다.

모든 인사 채용에서 문제가 있다고 의심되는 경우는 인사혁신처나 경찰에 신고할 수 있도록 할 수 있길 바란다. 공무원 인사규정의 개정으로 융통성 있게 경직된 각부처 숫자를 융통성 있게 조절

하여 복지부서나 당시 필요한 숫자를 조정할 수 있도록 하길 바란다. 과거에 자폐아 통합교육을 위한 보조교사를 늘일 때 법정 인원을 증가할 수가 없어서 뜻을 이룰 수가 없었다. 지금 복지 분야도 마찬가지로 해결할 수가 있을 것이다.

우리 경제의 방향 : 기획재정부의 대변혁

내 친구는 경제기획원에 근무할 때 12시 넘어서 퇴근하고 7시까지 출근하여 항상 피곤을 달고 살았다. 그뿐이 아니라 국회 감사기간이나 예산 국회가 다가오면 친구가 쓰러지지 않을까 걱정이 되었다. 그래서 친구를 편하게 해주고 국정을 건실하게 운영하는 방법에 대해서 궁리를 했다. 현재까지는 부서의 특징은 힘이 있는 자들이 예산을 많이 책정하도록 한다. 예산이 우리의 가정 살림처럼 시급성과 합리성을 따져 우선순위를 잘 정해서 적절한 예산을 배정하는 것이 중요하게 생각이 되었다.

지금 같은 방법으로는 평가가 안 되고 평가가 안 되니 적절한 배분과 계획이 주먹구구식이 되고 있다.

기획 재정부의 대부분을 정확하고 합리적으로 운영하는 방법은 장기간을 통해 많은 인원을 동원해 년 차적인 계획에 따라서 각 부처의 예산의 타당성을 정밀하게 조사한다. 몇 년간의 예산이 꼭 필요한 예산이었는지 낭비는 없었는지, 새는 곳은 어디인지 조사해서 낭비된 예산은 과감하게 자르고 꼭 필요한 곳에 못 배정한 예산은 추가한다. 조사 자료 정보를 기록 보존하고 이렇게 예산을 정형화하면 예산 배정이 쉽고 감사가 정확하게 된다. 그리고 업무가 대폭 간소화되면서 건실한 예산, 절약된 예산으로 어림잡아 20% 이상은 절감하고 국가의 발전에 큰 공헌을 할 것이다. 그리고 근무가 쉬우면서도 정확하고 편하게 되어 친구를 살릴 수 있을 것이다.

이러한 정확한 조사가 없어서 주먹구구이고 결산 때가 되면 각 부처의 새 가구를 모두 버리고 새로 사게 되고 기름이 많은 곳은 기름을 나누어 주고 쌀이 많이 남는 곳은 떡을 해서 나누는 등 예산을 집행하기 위해서 안간힘을 쓴다. 12월이 가까우면 곳곳에 땅을 파고 길가의 인도는 보도 불럭을 모조리 새것으로 바꾼다. 그야말로 예산이 줄줄 샌다. 국가의 예산을 내 봉급을 쓰듯이 아껴서 생활이 어려운 곳이나 복지 및 장기적인 투자에 써야 할 것이다.

장하준 교수의 예산에 대한 견해를 요약해서 우리 경제에 좌표로 삼기를 바란다. 장하준 교수의 경제학 강의와 발언을 보면 경제를 아주 쉽게 풀이해 주고 있다.

어느 나라든 독자적으로 옴짝거리기 힘든 세계화된 경제질서다. 그로 인해 팽배해지는 불안을 다수의 경제학자는 자본주의의 위기라고 진단한다. 세계 자본주의의 위기 속에서 한국 경제를 진단하고 해결책을 모색하여 보려한다.

장 교수가 우리 경제에 해주는 조언은 "자린고비 경제 그만하고 복지재정을 대폭 늘리라"는 것이다.(출처 : 장하준 교수)

우리나라의 경제 운용은 국가 비상사태라고 한다.

장교수는 비상사태는 지금 진단하고 예비함으로 재앙이 닥치지 않도록 해야 할 시기라는 것이다. 우리 경제는 OECD에서 한국은 36개 국가 중 1인당 소득 기준으로 23등이다.

한국의 경제성장률은 10위권이다.

경제 수준을 이야기하려면 1인당 소득을 봐야 한다. 덴마크의 1인당 소득은 우리의 2배지만 인구가 500만명이기에 경제 규모는 5분의 1밖에 안 된다. 성장률을 언급할 때는 인구증가율을 고려해야 한다. 2010년 이후 독일은 총성장률로만 보면 연평균 1.8%, 우리는 3%이니까 우리가 훨씬 잘하는 것 같지만 1인당 소득성장률로 하면, 우리는 인구증가율 0.5%로 2.5%, 독일은 인구증가율 마이너스 0.2%이기 때문에 2%이다. 2%와 2.5%는 큰 차이가 아니지만, 성장만이 우리의 목표는 아니다. 더 큰 문제는 지금 우리 상황이 얼마나 안 좋은가를 얘기하는 사회적인 지표이다. 단적으로 OECD 국가 중 자살률 1위이다. 1995년까지만 해도 자살률이 OECD 평균 이하였는데 지금은 평균의 3배다. 출산율은 세계 최저이다.

사회적인 지표가 나빠진 이유가 경제 때문이 아니고 복지가 안되어 그렇다. 옛날엔 경제성장 속도가 빨라 일자리도 많이 생기고, 봉제공장이 문 닫으면 전자 공장 가서 일하는데 4~5주 재교육 받으면 되었다. 지금은 필요한 기술이 고급화돼 철강·조선업에서 일자리를 잃은 노동자들이 반도체 같은 곳으로 옮기고 싶어도 금방 갈 수 없다. 실업이 점점 더 무서워지고, 제대로 된 직장에서 밀려나면 갈 데가 없기에 치킨집을 하게 된다. 이 모두를 전체적인 한 묶음으로 봐야 한다.

비상사태라는 발언을 하게 된 것은 최근 중국이 무섭게 추격해오고 있기 때문이다. 반도체도 중국이 국책산업으로 밀고 있어서 시간문제이다. 인공지능, 나노기술에선 우리보다 훨씬 앞서 있고, 전체적인 경제 수준보다 첨단기술이 발달해 있다. 우리는 답보상태이기에 지금 틀을 완전히 다시 짜지 않으면 5년, 10년 후에는 정말 어려워질 수 있는 것이다. 어느 한 정부가, 한두 가지 잘못해서 이 상황을 맞은 게 아니다. 우리 경제가 신자유주의적으로 구조화돼서 그렇다. 그 때문에 투자도 떨어지고, 고용도 불안해지고, 국민들에게 앞날이 없는 나라가 된 지 벌써 20년이다. 이를 보살피지 않고 또 5년이 흐르면 돌아올 수 없는 길에 들어서게 된다.

투자, 고용, 복지의 새 틀 짜지 않으면 5년 뒤 우리나라는 돌이킬 수 없는 길로 빠지게 된다.

장하준 영국 케임브리지대 교수는 경제의 목표는 다 같이 행복하게 잘살자고 하는 것이며 이제 한국도 '좋은 사회란 무엇이며 어떻게 만들 것인지를 모두 진지하게 생각할 때이다. 자린고비 경제학'을 넘어 복지제도 확대로 사회안전망을 갖춰야 한다"고 강조했다.

그는 1980년대 말부터 한국 엘리트들 가운데 미국 모델을 바라는 사람들이 많이 나왔다. 자기 부처의 의무가 경제계획인데 경제계획은 나쁘니 없애자는 것이다. 거기에 문민정부가 들어서니 기업들이 적극적으로 신자유주의 체제를 추진한다. OECD도 가입하고, 기획원도 폐기하고, 경제 5개년계획도 없애고, 산업정책 거의 폐기하고. 그런데 묘하게도 소위 운동권 출신들이 동조했다. '산업정책은 군부독재가 하던 파쇼정책'이라는 식으로. OECD 가입 조건 중 하나로 자본시장을 상당히 개방하고, 해고를 쉽게 하는 의제도 들여왔다. 그때 특히 전경련(전국경제인연합회)에서 주주자본주의 논리를 들여와 정부가 기업을 간섭하면 안된다는 주장을 했다. 그 과정에서 외환위기가 터진다. <국가부도의 날>이라는 영화에서 재경부 차관으로 나오는 사람을 통해 잘 그렸다. '해고도 쉽게 하고, 구조조정도 쉽게 하는 시장주의를 퍼뜨려야 하는데 노동계, 시민단체에서 반대해 못하고 있다. 지금이 기회다'라는 것이었다. 뒷얘기지만 국제통화기금(IMF)이 깜짝 놀랐다. 저항할 줄 알았는데 전혀 다르게 신자유주의 체제가 외환위기 이후 확립되었다. 그 이후 정부들이 그 질서로 간 것이다. 물론 차이는 있지만, 이명박·박근혜 정부는 완전히 극단적으로 나갔고, 노무현 정부는 FTA 하고 동북아 금융허브를 한다면서 김대중 정부보다 더 우파적으로 나갔다. 그래도 이 두 정부는 빌 클린턴이나 영국의 토니 블레어, 나중에 버락 오바

마가 말한 제3의 길하고 비슷한 걸 하게 된다. 즉 경제를 시장에 맡기는 게 좋은데, 그러면 희생자들이 나오니까 그들을 도와줘야 한다는 논리다. 골수 신자유주의는 '희생자 봐줄 필요 없다, 그들이 못나서 그렇다' 하는 거고. 규제를 완화하고 경제를 대자본에 맡겨놓는 것은 똑같다.

그로 인해 지금 미국, 영국, 프랑스 등에서 나타나는 현상이 정치적 반동이 미국은 극우보수에 표를 주고, 프랑스는 무산자의 저항으로 노란 조끼 입고 나섰다

세계적인 추세다. 한국은 특수성이 있어 아직 그렇게는 안 갔지만 20년 동안 신자유주의가 왔다 갔다 하면서 그쪽으로 밀려가고 있다. 문재인 정부에서 확실한 좌파정책을 하지 않으면 결국 반엘리트, 반동이 나온다.

신자유주의는 굉장히 반민주적인 체제이다. FTA나 투자협정을 맺어서 각국 정부가 하는 일을 국제조약으로 제약하고, 중앙은행이 됐건 규제기구가 됐건 많은 기관을 정치적으로 독립시키려고 한다. 우리는 옛날에 독재 권력이 너무 개입했으니까 결정기관의 정치적 독립이란 말이 좋게 들리지만, 사실은 민주주의를 무력화시키겠다는 것이다. 물론 자유무역이 수준이 비슷한 나라 사이에선 서로 좋은 경우가 있지만, 수준이 다른 나라 사이에서는 선진국이 이익이다. 후진국은 새 산업을 개발할 수가 없기 때문이다. 노무현 정권 때 미국과 FTA 한다고 했을 때, 저는 '우리가 지금 미국 수준이 되는 나라가 아니기에 반대했다.

어떤 정부든지 기업의 이윤을 앞세운다.

호주는 미국하고 FTA 할 때 그 조항을 빼기도 했다. 우리는 투자자-국가 분쟁해결 제도(ISDS)는 고사하고 관세만으로도 불리하다. 선진국들은 평균 공산물 관세가 3%이고 한국은 7~8%이다. 우리는 많이 내주고 그 쪽한테는 조금 받는 것이다. FTA 없을 때도 수출 잘했다.

우리는 지금 FTA 폐기 쪽으로 나가야 한다. 하지만 특히 미국하고는 국방이 얽혀있어 족쇄를 스스로 채워놨으니 다음 단계에서는 뭘 해야 좀 낫겠는가 그런 생각을 해야 한다.

다시 산업정책을 정립하는 게 중요하다. 미국은 자유방임주의, 개인의 기업가 정신으로 성공했다고 알려졌지만, 현재 미국이 앞선 분야 대부분은 1950년대부터 정부가 국방연구, 보건연구 명목으로 돈을 쏟아부은 곳이다. 컴퓨터, 인터넷, GPS, 터치스크린 다 미 국무부에서 개발했고, 반도체는 미 해군에서 개발했다. 아이폰 기술의 99%가 국방연구에서 나온 것이다. 그 기초기술을 기업이 가져다 발전시킨 것이다. 미 정부의 엄청난 개입이 없었으면 실리콘밸리도 생길 수 없었다. 미국 제약산업도 연구자금의 30%가 정부에서 나온다.

명분은 보건 연구이다. 미 전역에 있는 국립보건원에서 세금으로 연구하면 제약회사들이 그냥 가져다 상용화시킨 것이다. 미국 정부처럼 기초연구에 투자하고 마음껏 쓰도록 간접적으로 보조하는 방식이 있고, 독일 같은 경우는 중앙정부의 산업정책은 많지 않지만, 지방 정부들이 우리의 산업은행 같은 금융기관을 갖고 있다. 지방정부하고 지역은행, 지역대학, 그리고 프라운호퍼라고 반관반민 단체인데 연구기관으로 정부에서 기본적 돈은 주고 나머지는 기업 연구용역 해주며 운영하도록 하는 기관들 몇 십 개가 있다.

한국 정부도 R&D(연구·개발) 지원을 많이 한다. 다만 지원대상이 분산돼 있고, 한 해 평가를 해 다음 지원 여부를 결정하는 것은 혁신 과정을 잘못 이해하는 것이다. 혁신은 사기업이 하든, 과학자나 정부가 하든, 열 개 시도해서 한두 개 크게 맞으면 된다. 안전한 것만 하면 그게 무슨 혁신인가?

개념을 바꿔야 된다. 컴퓨터도 유명한 얘기가 있다. 1958년인가 토머스 왓슨 주니어 IBM 대표가 국회 청문회에서 앞으로 예상되는 컴퓨터 판매 대수가 5대라고 했다. 그때는 컴퓨터를 살 수 있는 곳이 미 육군, 해군, 공군, 국무부 이런 데밖에 없기 때문에 그냥 소련과 체제 경쟁에서 군사적 우위를 점유하기 위해서 시도했던 것이다. 나중에 그 기술이 세상을 바꿨지만, 그때 이윤만 생각했으면 문 닫았어야 할 산업이었다.

사회안전망이 있어야 과감하게 직업도 바꿀 수 있다. 안전망이 없으니 공무원만 되려고 한다. 그래서 핀란드·스웨덴 같은 곳은 구조조정에도 저항 별로 없다.

경제는 수단이고 목표는 다 같이 행복하게 잘 사는 것이다. 자살 덜 하고, 서로 반목하지 않고, 직장 안정되고, 복지제도도 잘돼 있어 잘리는 것 걱정 안 해도 되는 의미에서 경제는 수단이라고 생각한다. 문제는 그 수단으로 쓰는 경제조차도 여러 목표를 갖고 할 수 있다는 것이다. 사모펀드가 하는 일이 무엇인가? 회사 사서 이윤 확 올린 다음 파는 것이다. (한국의)제일은행이 좋은 예이다. 뉴브리지캐피털이 사서 지점들 닫고, 사람들 자르고, 일 많이 시켜 이윤 왕창 올리고, 그 과정에서 직원들은 뼈 빠지게 고생하고, 그렇게 해서 이윤을 많이 냈기에 스탠다드차타드 은행에게 되판 것이다. 그런 식으로 이윤 내는 경제도 있고, 독일같이 10년, 20년을 보고 이윤을 내는 경제도 있다. 한때 독일에는 기업이 같은 지역에서 7년인가 10년 이상 사업하면서 종업원을 안 자르면 상속세 면제해주는 법도 있었다. 그렇게 기업이 지역사회에 초석이 되고 그 사회와 얽혀 같이 살게 하는 것을 목표로 삼기도 한다.

옛날엔 밥 먹고 사는 게 중요하여 '어떤 수단을 써서라도 성장을 더 하자'라고 생각했다. 정당화는 아니지만 이해할 수는 있다. 지금은 국민소득 3만 달러 나라에서 '좋은 사회를 만드는 게 뭔가'를 생각해 봐야 한다. FTA 많이 했다고 FTA 강국이다. 성장률 조금 높다고 우리나라가 잘한다? 과연 우리가 '어떤 사회를 만들어야 하느냐' 에 대해 제대로 얘기해본 적이 있는지 묻고 싶다.

그 점에서도 논의되는 문제가 불평등이다. 노동권, 최저임금제, 그다음에 복지제도 이런 것들이 사회안전망이다. 안전망이 있어야 과감하게 새로운 선택도 하고, 직업도 바꿔보는데 우리나라엔 지금 그게 없다. 다들 공무원 되려고 하는 게 안전을 찾는 거다. 장 교수는 최저임금제도를 사회안전망으로 봤다. 대학교육을 받은 최저임금을 받는 사람이 없는 중년들이 최저임금에 왈가왈부했다. 정작 노동하는 당사자는 목소리를 내지 못하고 있다.

최저임금제에 찬성하는데 우리나라에서 최저임금제가 문제가 되는 중요한 이유 중 하나는 자영업자 비율이 엄청 높다는 것이다. 우리는 25%이고 미국 이런 데는 6%밖에 안 된다. 노동권, 최저임금제, 그다음에 복지제도 이런 것들이 사회안전망이다. 사회안전망이 없기 때문에 치킨집 사장을 자본가로 만들어놓고 너희도 자본가와 똑같이 행동하라니까 불만이 나온다. 또 한 시간에 1000원, 2000원 더 받는 게 중요한 사람들은 목소리가 없고 위쪽에 있는 사람들은 1000원, 2000원 더 받으려고 뭘 그러냐 그러든지 치킨집 사장이 1000원 더 줘야 한다. 그런데 1000원을 더 주면 사업이 위험할 수도 있다. 결정권이 있는 사람은 현실과 괴리돼 있기에 잘 보지 못하는 것이다. 1950~1960년대 스웨덴 사민당 구호 중 하나가 영어로 'Secure people dare(안전하다고 느끼는 사람들은 대담할 수 있다)' 였다. 핀란드, 스웨덴 같은 데는 실업급여가 최종 월급의

60~70%이다. 2년 동안 받을 수 있고, 재교육해주고 직업 알선하고, 우리나라 입시 코디 붙듯이 해준다. 그러니 이들은 구조조정이나 기술혁신에 저항이 별로 없다. 미국 같은 데는 90%가 노조 가입이 안돼 있고, 우리도 노조 가입률 10%이다.

우리랑 미국이랑 OECD에서 최저다. 그렇지만 두 나라 다 조직된 10%는 직장을 잃으면 세상이 끝나니 목숨을 걸고 싸운다.

대기업 회장이 사망하면 상속세를 내고 지분율 낮아져 만약 투기세력에게 넘어가면 국민들이 10년, 20년 고생한다. 대기업 지배구도가 이끄는 산업 내 불평등 문제가 당장 이변이 일어나면 위기로 갈 수 있다는 뜻으로 이해했다. 이것은 해석의 여지가 너무 넓다.

회장이 사망하면 상속세를 내야 하는데 그 과정에서 지분율이 떨어지면 그룹 구조가 와해 될 수 있다. 그냥 자본시장에 맡겨놓으면 뉴브리지가 제일은행 해먹은 식으로 날아갈 확률이 높다는 거다. 그렇게 되면 국민경제에 안 좋겠다는 생각에, 주주자본주의 1주 1표 논리를 따르지 않고 문제를 해결하자고 차등의결권제를 내놓으며 예를 든 것이다. 너무 답답하니까 차라리 국유화를 해라, 우리 국민들의 피땀을 왜 남 주냐 하는 것이다. '외국 투기자본에 넘겨주느니 삼성 특별법이라도 만들어 아예 다른 방식으로 관리하자'고 한 것이다. 이씨 집안, 정씨 집안을 봐주자는 얘기가 아닌데 양쪽에서 곡해한다. 친재벌론자들은 사유재산을 침해하려고 하니 불순분자라 하고, 재벌개혁론자들은 주주자본주의 논리에 어긋나니 친재벌론자라고 하고, 소액주주운동이 미국 같은 데서는 펀드매니져들이 하는 운동인데, 한국에서는 사회운동으로 승화시켜 중요한 일을 했다. 그런데 이 방식이 성공하다 보니 재벌을 개혁하는 유일한 논리처럼 됐다. 그게 아니라는 거다. 스웨덴 제일의 재벌인 발렌베리 집안이 통제권을 갖는 기업의 시가총액이 스웨덴 전체 상장기업 시가총액의 반이다. 한 나라 기업의 반을 한 가문이 가진 것이다. 차등의결권 때문에 가능하다. 미국도 구글, 페이스북 이런 데서 차등의결권을 쓴다. 저커버그가 가진 주식은 28%이지만 차등의결권이 있어 의결권을 기준으로 하면 50% 이상을 그가 통제한다. 많은 나라에서 쓴다. 다시 스웨덴으로 돌아가서, 한 가문이 6대째 주요 기업의 절반을 통제하는데 그 면에서 보면 그렇게 불공평한 사회가 어디있는가? 그러나 스웨덴은 노동권을 강화하고 복지국가를 이뤄 세계에서 제일 평등한 나라 중 하나를 만들었다. 삼성, 현대 그 기업들이 투기자본에 넘어가면 국민들이 10년, 20년 고생한다.

　현재 대기업 중심 경제는 여러 면에서 불평등 문제의 핵심이 되고 있다. 재벌 때문에 불평등이 나온다는 것은 문제 있다. 왜냐하면 우리나라 상위 1%는 상대적으로 다른 나라들보다 잘살지 않는데 상위 10%는 잘사는 편이다. 문제는 상위 10%지, 상위 1%가 아니다. 중소기업이 착취당한다고 하지만 그 중소기업주들은 노동자 착취 안 하는가? 재벌이 권력을 남용하기 때문에 당연히 규제해야 하는데, 그것만으로는 부족하다. 기본적으로 누진세로 많이 걷어 복지제도를 확대해 소득재분배를 확실히 해야 한다. 예를 들어 소득재분배를 하기 전 불평등도가 프랑스, 독일, 스웨덴 이런 나라도 미국과 비슷하다. 자기가 번 돈 세금 내고 정부 복지수당 받기 전 소득만 갖고 계산하면 불평등한 것이다. 우리나라는 OECD 국가 중 세금 내고 복지 지급하기 전, 불평등도로 보면 제일 평등한 나라다. 그런데 복지는 OECD에서 멕시코 다음으로 꼴찌다. 복지 지출도 재분배 성향이 높지 않아서, 재분배를 하고 나면 평등도가 OECD 평균 이하이다. 우리는 그동안 규제를 통해 불평등을 낮춘 것이다.

우리나라의 규제는 소농 보호, 골목상권 보호, 중소기업 고유업종, 그게 아무것도 아닌 것 같지만 굉장한 영향이 있다. 그런 보호가 있어서 시장소득만 보면 다른 나라에 비해 훨씬 평등하다. 복지는 OECD 평균 지출이 국내총생산(GDP) 대비 21%인데 한국은 10% 좀 넘는다. 신자유주의 모범생이라는 칠레보다도 작다. 미국이 복지 안 한다고 하지만 미국의 복지 지출이 GDP 대비 19%, 20% 된다. 유럽은 대부분 28%, 29%이고. 불평등 문제를 획기적으로 바꾸려면 복지를 확대하는 수밖에 없다. 이제 FTA 하고, 재벌들이 계속 성장하려면 규제 풀라고 하면서 점점 무너지고 있다. 골목상권까지 무너지면 걷잡을 수 없다.

장 교수는 복지 없애고 기본소득만 주는 것에 100% 반대다. 복지는 민영화하면 비용 올라가 대규모 구매 때 값이 싸지는 것 누진세 걸어 '소득재분배' 해야 된다.

카를로타 페레스 선생이 제안한 기본소득(UBI)은 잘 봐야 하는데, 하이에크, 프리드먼 같은 사람들의 주장은 딱 기본소득만 주고 복지는 다 없앤다는 것이다. 실리콘밸리의 많은 기업가들이 영향을 받았다. 지금 복지가 잘된 선진국들은 사실상 기본소득이 있는 것이다. 기본적인 생활이 보장된다. 다만 아동수당, 실업수당, 주택 보조 등 다 조건에 묶여 있으니까 일부 좌파에서 '그런 거 복잡하고, 경제구조도 바뀌어 파악하기 힘드니 일괄적으로 현금화해서 주자'는 것이다. 우파식으로 세금은 국가가 강탈해가는 걸로 생각하면 안 되지만, 세금으로 공동 자금을 만들었으면 좋은 의견을 모아야 한다. 특히 교육, 보건 분야는 복지제도를 민영화하면 비용이 올라간다. 복지는 공동구매이다. 국민 의료보험을 하면 의료비가 싸지는 이유가 의료보험을 대규모로 구매해서다. 기본소득을 줘서 사람들이 인력을 마음대로 쓸 수 있는 부분을 늘려주자 정도까진 찬성인데, 국가에서 탁아시설까지 공동으로 공급하자는 것이다. 그래야 비용대비 질이 보장된다.

지금 우리나라가 OECD 중에서 재정이 제일 탄탄한 나라 중 하나다. 매년 재정흑자에 GDP 대비 국채비율이 낮기로 스위스, 덴마크, 스웨덴 등 5개 선진국 다음이 우리다. 오죽하면 OECD, 그 보수적인 데서도 한국한테 재정정책 더 적극적으로 쓰고 적자도 좀 더 내도 된다고 권고라 할까? '자린고비 경제학, 무조건 안 쓰는 게 좋다고 생각하는 것이다. 특히 교육·연구개발에 공공투자를 하면 나중에 더 큰돈이 돼 돌아온다. 충고하고 싶은 내용은 개념 자체를 바꾸자는 것이다. '우리나라같이 매년 재정 흑자만 내는 나라 없으니 복지를 늘려야 한다. 복지 2배로 늘려도 미국 정도다. 유럽 수준 되려면 3배 이상 늘려야 된다.'

OECD 복지 평균 지출 21% 한국은 10% 좀 넘는 수준 노인 연금 30만 원, 창피한 얘기다. 1970~1980년대 사고에서 못 벗어난 거고 우파에서는 마치 복지가 없는 돈을 쓰는 것처럼 얘기하는데, 그냥 오른쪽 주머닛돈을 왼쪽으로 옮겨 쓰자는 것이다. 어차피 다들 써야 할 돈, 모아서 체계적으로 쓰자는 거다. 좌파도 무상복지라고 하는데 가난한 사람도 부가가치세를 내기에 무상이 아니다. 무상이라니까 우파에서 '가난한 사람들이 공짜만 바란다'고 비난할 빌미를 준다. 다 같이 사고를 바꿔야 한다. 어느 나라나 진영 논리가 강하기 때문에, 그게 참 비극인데 그래도 지금 문 대통령 아니면 누가 그걸 바꾸겠는가?

세수 호황이다. 초과 세수가 26조 원이 될 거라고 전망한다. 그 돈이면 일자리 21만개 더 만들 수 있었다는 지적도 나온다. 허리띠 졸라매기를 더는 할 수 없는 이들의 고통은 여전히 뒷전이다.

이제 경제의 목적이 다같이 잘 살자는 것이다. 그것이 복지이다. 자린고비 재정을 해서 소비자에게 돈이 돌지 않는다면 소비자가 없어질 것이다. 아무리 좋은 제품을 많이 생산해서 쌓아 놓으면 무엇

하겠는가? 앞으로 이런 상황이라면 기본소득도 자연스러운 것이다. 조물주가 주신 자원을 우리는 순환시키는 것이 경제이다. 모두는 열심히 경영하여 일자리 만들고 일자리에서 번 돈으로 물건 사서 쓰면서 살다가 모두 놓고 갈 곳으로 가는 것이다.

● 미래 경제는 복지에 많은 비용을 써야 된다

우리나라 대기업이 복지에 많은 비용을 써야 되는 이유가 충분하다. 기업주는 명분상 소유는 그룹의 총수이나 실질적으로 기업을 주고 키운 것은 국가와 국민이기 때문이다.

국가가 준 특혜를 열거해 보기로 한다.

광복 후 일제의 귀속 재산을 13개 기업에게 배분해줄 때 10%의 현금을 내고 15년 분납으로 하였으며 당시 20~30%의 인플레이션 시기여서 엄청난 이득을 취했다. 외화 배정에서의 특혜는 시가의 600원일 때 280으로 1/2~1/4의 환율로 받았다. 100만 달러를 받으면 즉시 3억 2천만 원이 되는 엄청난 이득을 받았다. 1946~1955년 실질금리가 50% 이하까지 내려가게 했다. 경쟁을 제한하여 독점할 수 있게 하기 위해 투자 인가제를 실시하여 막대한 이익을 부여받았다.

금융자산 배분할 때 외국 차관의 이자가 6%였고 국내의 이자율은 25~30%로 1969년에 3개 그룹에 1억 달러씩 배분하였다. 해외 자금이나 기술 도입에 국가가 보증을 섰다.

　수출기업에 세제 혜택과 수입 관세 면세 및 이자율이 낮은 특례 융자를 하였다.

　노동조합을 탄압하여 임금을 억제하였다. 내수를 튼튼히 하기 위해 국산, 국가가 대기업이 성장할 때 국산품 애용으로 외제 사용을 죄악시 하였다.

　다시 정리하면 첫째 대기업이 시작할 때 국가가 국가 기업을 거저 주었다. 둘째, 성장할 때 수많은 사업을 맡기었다. 셋째, 60년대 이후 우리가 초등학교 시절 온국민 통장 만들기로 도움을 받았다. 넷째, 그 외에 열거한 막대한 금융지원을 받았다. 가만히 있어도 더욱 투자가 되는 형국이었다. 다섯째, 국방 사업 등 막대한 구매와 세제 혜택을 주고 있다. 여섯째, 기업의 성장을 위해 노동자들은 저임금으로 봉사하였다. 일곱째, 강력한 내수가 뒷받침이 되었다. 여덟째, 전 국민이 부가가치세를 내고 있다. 아홉째, 국민이 낸 의무교육 및 대학의 재정지원 등으로 양성한 인적자원을 사용하고 있다. 열째, 생산자가 고객과 상생해야 하기 때문이다.

　장하준(55)은 주요 저서로는 <사다리 걷어차기> <개혁의 덫> <나쁜 사마리아인들> <장하준의 경제학 강의> <국가의 역할> 등 많은 저서가 있다.

　대중을 위해 경제는 쉽다고 하며 모두 함께 경제를 공부하자고 제안했다. 돈으로 가치를 셈하는 사회이기에 사회를 민주적으로 운영하고 개인의 권익을 지키기 위해서는 경제를 알아야 한다고 강조했다. 경제의 목적은 다 같이 잘 사는 것이고 복지에 쓰는 것은 투자이며 가난한 사람도 세금을 내기에 공짜 복지는 없고 공공복지가 저렴하고 질 높은 복지라고 강조한다. 국가가 기업의 경영권을 보장하고 국가와 기업은 힘껏 복지에 써야 할 것이다. 아무도 재산을 갖고 갈 수 없기 때문이다.

4차 산업혁명(상상이 현실로 바뀌는 기술 혁명)
4차 산업혁명은 정보통신기술(ICT)이 타산업들과 융합하는 기술혁명이다. 사람의 두뇌를 대체하는 시대를 말한다. ICT를 바탕으로 한 3차 산업혁명의 연장선에 있지만 기존 산업혁명들과 큰 차이가 있다. 사물과 사물이 서로 통신하고 사람과 사물이 연결되며 더 나아가 교통수단까지 연결 및 결합되는 사회가 만들어진다.
서울 여의도 IFC몰에서 IBM 창립 50주년 인공지능 '왓슨' 시연 행사에서 시민들이 '왓슨'에 대한 설명을 들었다.
왓슨은 IBM에서 만든 인공지능 컴퓨터 프로그램의 이름으로 자연어 처리를 통해 영어로 된 인간의 질문을 이해하고 답할 수 있다.
세계경제포럼 미래 고용보고서에 따르면 4차 산업혁명으로 2020년까지 710만 개의 일자리가 사라지고 210만 개의 새로운 일자리가 생긴다.
사라지는 710만 개 일자리 가운데 대부분은 사무직 및 관리 직종이며 컴퓨터, 수학, 건축·엔지니어링 관련 분야 일자리는 늘어날 것으로 전망을 내어 놓았다.

미래에 감소하는 직업은 사무행정직에서 470만 개, 제조업 생산 160만 개, 건설, 채광업 50만 개로 이러한 직업들은 기계로 대체된다. 반면 재무관리 50만 개, 매니지먼트 41만 개, 컴퓨터·수학 40만 개, 건설공학 34만 개, 판매 관련직 30만 개 등의 직종에서는 새로운 일자리가 만들어질 것으로 예상된다.

많은 일자리를 로봇에 빼앗기고 그나마 남아 있는 일자리도 정규직은 아닐 가능성이 높다. 4차 산업이 본격화 되면서 일어나는 사업들은 빅데이터·인공지능(AI)·증강현실(AR)·가상현실(VR), 자율주행, 드론, 3D프린터·공유경제 등이다.

4차 산업이 현실화되면서 기본소득은 현실화 될 것이다. 일자리가 없어서 대부분이 실업 사태를 맞는 시점에서 좋은 물건을 대량 생산해 놓으면 무엇하나? 구매자가 있어야 산업이 유지될 것이 아닌가? 이제 일은 소수의 사람과 AI가 주로 할 것이며 인간은 보다 아름다운 세상에서 질 높은 삶을 살게 될 것이다. 이와 반대로 기본소득을 주지 않는다면 산업이 멈추게 될 것이다. 먹고 살기 어렵게 된다면 폭동이 일어나서 세계는 모두 파괴될 것이다.

새롭게 다가오는 4차 산업혁명 시대에 결국 전 산업 분야에 우리 국가와 기업이 어떻게 대응하느냐에 달려 있다.

세계경제포럼의 클라우드 슈밥 회장은 "제4차 산업혁명이 쓰나미처럼 우리에게 몰려오고 있다. 그것이 우리의 모든 시스템을 바꿀 것"이라고 경고했다.

작년 1월 다보스포럼 이후 세계에서 가장 이슈가 되고 있는 키워드는 단연 4차 산업혁명이다.

1. 기술혁명이 풍요로운 세상을 만들 것이다

그리고 이 과정에서 생성되는 수많은 데이터가 클라우드 서버에 저장되고 저장된 데이터는 빅데이터 분석을 기반으로 한 AI를 통해 최적의 의사결정을 도와주는 선순환 에코 시스템으로 진화한다.

2. 운송, 금융, 의료, 재판의 변화가 예고된다

그러면 앞으로 4차 산업혁명의 포인트는 어떤 제품이나 서비스가 사회의 주류로 급부상하는 시점을 뜻하는데 세계경제포럼에서 발표한 아이템들을 4차 산업혁명의 시대에는 5가지의 경향으로 분류할 수 있다.

첫째, 사물인터넷(IoT)이다.

둘째, 우리 몸과 마음을 감지할 수 있는 장치와 정보를 주고받는 관계로 구성된다.

셋째, 운송 수단의 변화로 사람이 운전하던 방식에서 인공지능에 의한 자율주행으로 변할 것으로 예상된다.

넷째, 수년 내 인구 5만 명 이상이 거주하는 도시에 신호등이 없는 도시가 등장한다. 자동차가 주변 사물과 끊임없이 소통하면서 이루어지는 것이다.

다섯째, AI를 통한 스마트한 의사결정이다. 최근의 AI가 무서운 것은 지금까지 컴퓨터와 다르게 습득한 데이터를 활용하여 스스로 학습하고 있기 때문이다. 뉴욕의 암센터는 2015년부터 암 진단과 치료에 왓슨을 적극적으로 활용하고 있다. 현재 대장암·췌장암·방광암은 90% 이상의 진단율을 나타내고 있다. 로봇은 스스로 학습하고 진화하면서 능력을 높여 가고 있다.

3. 새로운 고용 창출

4차 산업혁명이 만드는 세상은 사람과 사물이 융합돼 나온 데이터를 AI가 분석해 고객에게 최적의 결정을 내려주는 사회다. 하지만 앞으로의 직장은 상시 고용보다 필요할 때 찾아 쓰는 일회성 고용이 주가 될 것이다. 향후 3년이 그 명암을 좌우할 중요한 기간이다.

상상이 현실로 되어진 4차 산업혁명시대에는 위에 말한 대로 생활이 편리해진 대신 수없이 많은 일자리가 사라져 할 일이 없어진다. 기본소득으로 생활은 유지하는 데 어려움은 없을 것이다. 힘들게 일하며 휴가를 기다리던 사람이 장기 휴가를 받게 되면 할 일이 없어져서 존재감이 없어진다. 처음 몇일간은 쉬는 것이 참 좋지만 사는 재미가 점점 없어진다. 왜 사는지 허무함에 빠질 것같다. 어쨌든 아름다운 미래를 상상해보길 바란다.

교육개혁과 행복한 우리 후손

 교육은 인간이 삶을 영위하는데 필요한 모든 행위를 가르치고 배우는 과정이며 수단이다. 교육은 인간 형성의 과정이며 사회개조의 수단이다. 학교 교육이 정상이라면 배우면 배울수록 공감하는 능력이 향상되고, 정의로워져야 한다. 그러나 어른들의 교육관이 잘못되어 "무조건 이기라"는 교육 때문에 사회는 험악해져서 교육을 받을수록 문제가 생긴다.

 교육은 개인의 삶과 국가의 장래를 좌우하는 중요한 것임을 아무리 강조해도 부족하다. 사람은 누구를 만나서 교육을 받았는가에 따라서 장래가 결정되고 평생을 향기를 뿜어내어 이웃에게 도움을 주고 기쁘게 한다. 또 사람이 보편적으로 가장 큰 교육의 영향은 부모 특히 어머니로부터 받는다. 그래서 교육이 가장 잘 이루어지고 있다는 이스라엘의 역사에는 왕을 기록하면서 그의 어머니를 꼭 소개한다. 그 어머니를 닮아서 선하고 어질고 지혜로운 왕이 될 수 있고 사악하고 국민을 괴롭히는 왕이 되어 나라를 망하게 할 수 있다는 것이다.

 자연스럽고 좋았던 교육을 특정 학벌을 가져야 취업뿐만 아니라 모든 면에서 특별한 혜택을 받을 수 있게 되어 지나친 경쟁을 만들어 학벌이 형성되었다. 어느 대학에 입학했느냐에 따라서 18세에 운명이 결정되어 평생을 누리며 잘 살 수 있기에 교육 지옥이 만들어졌다. 지나친 경쟁을 유발시킨 것도 역시 박정희 독재의 산물이다. 서울대학교 특별법을 만들어 지나치게 집중적인 투자를 하였기 때문이다. 직장에서도 직원을 선발할 때 실력보다는 어느 학교를 졸업했느냐를 더욱 중요하게 여긴 '학벌위주의 고용'은 우리나라 교육 문제의 핵심 원인이다.

 21년 전 미국 버클리 대학 학생처장이 우리나라를 방문했다. 우리나라의 교육에 훈수를 두러 왔다고 입국 기자회견을 하였다. 출국 기자회견에서는 미국에서는 대학 서열화가 바뀔 수도 있으나 우리나라에서는 '학벌위주의 고용'이 되어 서열화가 바뀔 수가 없어서 훈수가 불가하다고 하였다.

 학벌을 강조하는 이런 상황에서 희망은 없고 발전도 없으며 때로 좌절감을 가져온다. 이처럼 철저하게 대학 서열화가 이루어진 나라는 없다. 일본이 학벌이 심하여도 동경대학은 노벨수상자가 없어도 교또 대학은 11개나 수상했다고 한다. 미국이나 유럽의 대부분의 대학에서는 본교 출신을 거의 뽑지 않는다. 스탠포드 대학에서는 본교 출신을 1.1% 만 뽑을 정도이다. 우리나라는 본교 출신이 다수이다. 그렇게 되어 우리나라는 노벨상 수상이 어렵다. 경쟁을 안 하기 때문이다. 대학에 교수로 한번 취업되면 특별한 범죄를 저지르지 않는 한 정년퇴임 때까지 갈 수 있다. 예외는 있을 수가 있다. 한 대학에 한 학교 출신 교수만 있으면 다양성이 없고 스승을 뛰어넘기가 힘들다. 교수를 뽑을 때도 실력이나 장래성보다는 선발자 자신과 가깝다든지 실력과 무관한 것이 더 크게 작용한다. 실력이 있는 인재들을 도태시킨다. 결국 실력 없는 집단이 만들어진다. 학벌은 대학만 있는 것이 아니고 특정 대학 내에서도 특수 목적고등학교 동문 파벌이 있다. 심지어는 학원가에서도 잘 가르치는 여부와 상관없이 특정 대학 출신을 인정해 준다. 공부 잘하는 학생으로서 공부 못한 아이들의 마음을 읽을 수가 없고 시행착오를 안 해 보아서 오히려 가르치는 방법에 문제가 있을 수가 있다.

 학벌위주의 고용의 문제점을 역사적인 사실을 통해 말하려고 한다. 모 대학의 경우는 교수의 96%가 특정대학 출신이었다. 또 충남 대학의 경우 해양지리학과 교수를 뽑는데 본교 출신은 해양지리학과 박사학위를 가졌고 특정 대학 출신은 지리학과 전공자였는데 특정 대학 출신인 학과장이 자신의 후배를 뽑아 소송이 붙은 경우가 있었다. 왜 이렇게 뽑았을까? 미래를 보거나 공정하게 뽑았을까? 자신의 이해관계나 자신의 안녕을 위해 후배를 뽑았을까?

외국에 있는 교수를 자기 학교로 오라고 초청해 놓고 마지막에 인사권자가 돈을 요구했다는 이야기를 듣는다. 국립대학인데도 그렇단다. 한사람에게서 들은 것이 아니다. 그래서 결국 오기를 포기했다고 한다. 이것이 국가와 대학 발전을 위한 일인가? 돈은 어디로 가는 것일까? 이런 이야기와 교수 임용비리가 심심치 않게 나온다. 모두 알고 있는 비밀이라고 한다. 이러한 사실을 보면 "특정 대학 출신 상한 30%의 교수임용쿼터제"가 이루어져서 교수 재임용 시에도 서로의 견제로 돈이 없는 사람이 차별받지 않기를 바란다. 공정한 세상이야말로 희망이 가득한 행복한 나라가 되는 길일 것이다. 더불어 비약적인 학문의 발전도 가져올 수 있다

의과대학은 입학식 다음 날부터 8교시로 중고등학교보다 공부를 많이 시킨다. 그리고 매년 유급을 시킨다. 상위 200등까지를 선발한 특정 대학에서도 공부를 심하게 시킨다. 심한 경우는 입학 동기가 졸업을 같이하는 경우가 50% 되는 경우가 있다. 1972년에 특정 대학에서는 200명 중 120명이 유급 명단에 오른 적이 있다. 유신 시절 당시라서 진급 사정회를 열어서 권력자의 아들까지 구제하였다는 후문이 있다.

이렇게 공부시켜도 의사고시 수석합격과 합격률(약 60년 이상 의사고시 성적)은 기타 대학이 더 높다.

입학할 때의 성적과 졸업할 때의 성적이 현저히 달라질 수 있다는

것이다.

　의사고시를 수석으로 합격한 내 친구와 후배를 보면 의사고시 수석합격자도 특정 대학을 졸업하지 않으면 대학이나 학회에서 존재감이나 실력의 인정은 전혀 없다. 그런데도 취업이나 모든 면에서 특정 대학은 우대를 받는다. 이것은 42.195km의 마라톤 경기에서 10km 이전에서 등수를 정하는 반칙이다.

　어디 그뿐인가. 대기업 인사담당자의 말로는 입사원서를 내면 서류 심사를 하고 특정 대학을 제외하고는 면접 기회를 받기가 쉽지 않고 지방 출신들은 면접 기회가 없는 수도 있다고 한다.
　오래전 성공시대에 출현한 어떤 기업가는 오랫동안 갖은 노력으로 외국인 구매자의 구매선을 뚫었는데 그 프로젝트를 특정 대학 출신 상사의 후배인 다른 사람에게 주고 새로 잡아 오라고 해서 회사를 그만두고 나와서 사업을 하게 되었다는 것이다. 본인은 연세 대학 졸업해서 설음을 많이 당했다고 한다. 더 이상 할 말이 없었다.

　그러나 대부분의 국민은 반칙을 문제시하지 않을 뿐 아니라 수긍하고 당연시한다. 잘못된 것을 고쳐서 공정한 세상에 우리 자녀들이 마음껏 기량을 발휘하며 살도록 해야 할 것이다. 자신들의 자녀가 특혜를 받으려고 수단과 방법을 가리지 않는다. 우리나라의 유치원부터 고등학교까지의 교육은 대학입시 준비과정 학원이지 교육이 아니다.

　교육정책의 진단이 잘못되어 새로 바꾸기만 하면 돈이 많이 드는 교육정책이 실시된다. 환자로 생각하면 오른쪽 다리가 곪은 환자를 왼쪽 다리 수술을 하는 격이다. 단적인 예를 들기로 한다. 38년 전 특수 목적고등학교를 세우면서 고교평준화는 끝났다. 그런데도 최근까지 고교평준화를 이야기하고 있는 것이다. 완전히 특정 대학에 입학하기 위한 특수 학원으로 바뀌었다. 설립목적과 달리 운영되면 과감하게 그 제도를 없애야 한다. 교육제도를 바꾸기만 하면 왜 교육비가 많이 드는 결과를 낳는가?

　나는 우리 교육을 지옥에서 건지는 방법을 학벌 위주의 고용을 실력 위주로 바꾸어야 된다고 생각한다. 실력 위주의 고용으로 바꾸기 위해 1997년 교수임용쿼터제 한 대학 출신 상한 30%를 김대중 후보 진영에 제안하고 추진하였다. 김대중 당선자에게 다시 건의하여 첫 국무회의에서 교육부 장관에게 교수임용쿼터제를 시행하도록 지시하기에 이르렀다. 이 정책은 한 대학에 교수 그룹이 네 개 이상이 존재해 서로 경쟁과 견제하면 교수를 어떤 세력의 마음대로 선발하지 못하고 객관적으로 실력이 있는 사람이 선정될 것이다. 교수사회가 이렇게 되면 다른 분야에 전파되는 속도가 커서 모든 사회가 학벌 위주위 고용에서 실력 위주의 고용으로 바뀌어질 것이다.

국가에 이토록 유리하고 대통령이 명령한 정책도 기득권층의 반발로 한대학출신상한 30%를 본교 출신 35%로 교육부 장관이 말 바꾸기를 하더니 특정대학 학장회의에서 반발하니 본교 출신 50%로 바뀌고 다음 장관이 2/3로 바꾸어 놓고 임기를 마쳤다. 우리 사단법인 희망교육 주최로 국회헌정기념관에서 토론회를 할 때 방송사 PD가 "방송사 PD도 대다수가 특정 대학 출신이니 쉽게 되겠습니까?"라고 하였다. 그뿐이 아니다. 그 당시 국회의원의 43%가 특정 대학 출신이기에 교수임용쿼터제가 법으로 충분히 통과될 수가 있었다. 때마침 교원정년을 62세로 단축하는 법안이 나와 한나라당에서 강력히 반대하고 있었다. 기득권 출신 장관은 이것을 이용하여 법안을 분리하지 않고 함께 상정하여 부결되게 만들어 대통령령으로 통과되게 되었다.

　'교수임용쿼터제 특정대학 상한 30%'를 신속하게 도입하여 우리 교육의 많은 문제와 사교육의 문제를 해결하고 학문의 발전과 함께 우리나라가 우뚝 설 수 있는 기회를 만들기 바란다. 경쟁해서 노벨상 수상을 비롯하여 수많은 연구업적과 발명품이 나와서 경쟁력이 탁월해지고 수많은 일자리가 창출되게 될 것이다. 중요한 것은 노력하면 누구나 최고가 될 수 있다는 희망을 주어 역동적인 세상이 될 것이다. 행복지수가 올라가며 경제적으로도 윤택해지고 수많은 부가적인 효과가 생길 것이다. 많은 사회문제가 해결될 것이다.

사) 희망교육의 새로운 정책

　영어마을이다. 매년 3조 원 이상 지출해서 우리 자녀들이 해외어학연수를 하는 과정에서 마약 등 많은 부작용이 나타나 영어마을을 만들 것을 건의했다. 여기에 경제적으로 어려운 학생들은 어학연수를 할 기회가 없다. 매년 막대한 돈을 투자해서 나쁜 것을 배워오는 안타까운 현실이다. 국내 영어마을에서 어학 연수하면 매년 3조 원의 국부 유출을 막을 수 있고 부작용을 없애고 비용이 저렴해서 어려운 학생들에게도 기회가 주어질 수 있다. 방법은 공무원 연수원, 대기업 연수원의 휴관 기간에 저렴한 임대료만으로 가능하고 여행비용(비행기 요금)이 없다.

　초·중·고등학교의 원어민교사와 연계하여 실시하면, 영어교육 하나로 부수적인 효과를 거둘 수 있다. 방법은 미국과 영국의 국무성을 통해 만 명 이상의 영어학과 또는 영문학과 전공의 교사를 본국에서 받는 봉급의 배를 주고 5년간 계약 선발한다. 특별히 인력관리를 잘해서 그들이 한국이 제2의 고국이 되도록 한다. 영어 마을 시작으로 얻을 수 있는 점은 첫째, 양질의 교육을 받을 수 있다. 둘째, 미국과 무역 쿼터가 형성된다. 셋째, 세금을 잘 낸다. 넷째, 윤리적으로 부작용이 없다. 다섯째, 우리의 외교관으로 자리매김할 수 있다. 이 사람들이 본국에 가서 대통령부터 국회의원 기타 요인이 될 수 있어 위험부담이 없고 비용이 안 드는 외교성과로 막대한 국익을 가져온다.

사)희망교육과 같은 순수하고 진정으로 우리 교육을 위하는 마음이 있었다면 각 지자체 마다 수백억짜리 건물을 짓지 않고 예산을 조금 쓰고도 엄청난 외교적 기반을 이룰 수 있었을 것이다. 공무원 부정에 공소시효를 없애면 나쁜 정책도 현저하게 없어질 것이다.

인성교육을 위해 사)희망교육은 가족과 함께하는 주말 봉사학교를 열었다.

온 가족이 함께 봉사하면 봉사하는 동안 사랑하는 법을 배운다. 가족공동체가 사랑으로 뜨거워지고 대화의 장이 열린다. 자식은 이런 훌륭한 부모를 존경하고 부모는 대견스러운 자녀를 보며 자랑스럽게 생각하면 말하지 않아도 교육이 된다. 같은 장소에서 봉사하고 오면 공동 관심사에 대해 자연스럽게 대화를 나눌 수 있다. 가족 간에 똑같은 일을 해도 느낌이 다른 것을 이야기하고 다른 봉사를 한 사람은 서로 다른 느낌을 나누게 된다. 어떤 가정은 전혀 이야기할 기회도 이야기할 생각도 없이 살아간다. 이렇게 하다 보면 소통이 잘됨으로 문제가 없어지고 문제가 있어도 자연스럽게 해결이 되어 행복한 가정을 이룰 수 있다. 어려서부터 이웃을 돕는 습관을 가진 더불어 사는 삶을 사는 인격체로 성장하게 된다.

예를 들어 요양원에서 어른들을 돌보거나 청소하는 일을 하다 보면 우리가 모시고 있지 않은 조부모님을 모시므로 어른들을 사랑으로 모시게 된다.

태안 앞바다에 유조선이 침몰해 기름이 온통 덮인 겨울에 버스 한 대로 일찍이 나서 저녁까지 그곳에 가서 해변의 돌을 하나하나 닦았다. 그 추운 날씨에 힘들었다는 말은 없고 모두 기쁜 마음으로 들어왔다. 특별히 이 봉사의 준비를 위해 애써오신 주은미 간사님이 계시다. 그분은 대학을 입학해서 여수의 할머니 댁에 다녀오다가 영등포 역에서 겨울에 철도에 끼어 양다리를 잃으신 분이다. 많이 힘드실 텐데 가장 즐거워한다. 그와 결혼한 혜명교회 정규태 목사와 딸 정하늘, 아들 정한별, 아버지이신 주영택 목사님이 함께 하셨다. 이분들은 봉사가 몸에 배이신 분들이다. 연세가 많으셔도 오히려 앞장서서 모든 일에 임하셨다. 그 외에 봉사단에 함께 한 자녀들이 겪은 태안 앞바다의 봉사는 평생 기쁜 삶을 살게 해주는 촉매제가 될 것이다.

잘못된 전문대학원 제도

전문대학원에는 의학전문대학원, 치의학전문대학원, 약학전문대학원, 법학전문대학원이 있다. 왜 잘 되어 가고 있는 제도를 고쳐서 교육의 비용이 상상을 초월하게 증가되고 교육기간이 오래 걸리는 일을 했는가? 무슨 마음으로 전문대학원을 만들었는지 모두 한번 생각해 보아야 할 것이다.

　좋은 교육제도는 양질의 교육을 최소의 비용과 가능한 한 짧은 기간 내에 제공해 주는 것이다. 모든 대학원은 처음 각 대학 교수들과 법조인들이 반대하였다. 그런데 양심적인 일부 교수들을 제외하고 조금 있다가 모두 찬성으로 돌아섰다. 법조인들은 자기 자녀를 법조인으로 만들기가 쉬워졌다. 교수들은 대학원의 교육생이 엄청나게 많아져서 자신들의 값과 보수를 올릴 수 있었다. 더욱 놀라운 것은 대학들에 대학원생이 많이 늘어났다. 대학은 똑같은 교과과정을 가르쳐 주면서 한 학기당 대학보다 2배의 학비로 엄청난 부를 축적했다. 여러분은 어떻게 생각하는가?

　퍽 다행인 것은 의과대학에서는 반대하고 있었다. 그런데 의학전문대학원 출신의 성적이 의과대학 출신에 비해 떨어졌다. 그래서 대부분의 의학전문대학원이 의과대학으로 환원하기에 이르렀다. 그러나 아직 2020년에 신입생을 선발하는 의전원이 4개 대학이 있어 많은 수업료를 받아 수입을 올리고 있다. 교육당국은 왜 가만히 있는가? 못되었으면 빨리 원점으로 되돌려야 할 것이 아닌가?

　전문대학원의 문제점은 교육기간이 연장된다. 교육비가 많이 든다. 대학원 교육기간 동안 학생들은 취업을 못해 수입이 없어진다. 학벌이 하나 더 생긴다. 그뿐인가? 대학을 졸업하고 전문대학원에 입학하기 위해 수많은 학생이 년간 수조 원(4조원?)의 유명 학원 매출을 올려 주는 역할을 하고 있다. 그 많은 세월은 누가 보상해주는가? 우리나라 학부모들은 학비로 더욱 압박을 받았고 그것도 경제력이 없는 학생들은 포기할 수밖에 없다. 그러니 대학과 학원 재벌들은 로비 비용이 아깝지 않다.

 법학전문대학원 도입하는 이유는 궤변이었다. 그래서 나는 다양한 자료조사를 하여 법률저널에 기고하였고 여러 일간지에 보도자료를 내었다. 이 내용은 4개월쯤 후에 일간지에서 관심을 갖고 기사화하기 시작하였다. 또 지지 세력의 힘을 얻기 위해 고시원협회, 원룸협회 등 단체 지도자들을 만나서 설명하였다. 그런데 관심도 없었다. 또 내가 그것으로 국회의원이 될까 염려한 것은 아니었을까? 나는 당시 병원을 개원하고 있었기에 국회의원 공짜로 시켜 주어도 4년 동안 국회의원 직무를 수행하면 병원이 없어지기 때문에 손해다. 법학전문대학원 도입의 취지는 다양한 분야의 전문가들을 유입하여 공정한 재판을 하겠다는 것이었다. 재판이 전문가가 없어서 문제가 아니다. 일본은 변호사가 많아 인터넷 변호사가 있었고 변호사들의 살길이 막막하였다. 그런데 다양한 전문가가 왜 오겠는가? 이때 의료인이 약 50명 정도가 유입되어 있었다. 물론 그 뒤에는 유입이 잘 안 되고 있다. 고시낭인 때문에 도입했단다. 왜 변호사 시험은 5회로 제한했는가? 사법고시도 3년으로 제한하면 되지 않는가?

4년간 대학 졸업하고 2년 연수받은 법관에 비해서 업무능력이 떨어진다고 법조인들이 말한다. 궤변이 확실하다. 또 어두운 면을 의심하게 한다. 법학전문대학원에서도 고시 낭인이 많이 생기기 시작했다. 여러분은 어떻게 생각하는가?

전문대학원을 빨리 폐지하고 대학으로 환원하라. 영어 마을이 다시 잘 관리 되기를 원한다. '가족과 함께하는 주말 봉사'와 진급자격제로 사랑이 가득하고 행복한 가정을 이룰 수 있기를 바란다. 장애인에게 평등한 세상을 위해 자폐아 통합교육과, 수화학교가 곳곳에 세워져 수 많은 사람이 수화를 할 수 있길 바란다.

● 외교부의 관리와 공무원 해외 연수

　외교부의 관리들의 관리가 가장 힘들다. 이들은 아무 애국심, 사명감, 지식도 없는 분들을 많은 경우 보은 차원에서 대사로 보낸다. 돌덩이를 보내는 것이나 무엇이 다른가? 보은 차원으로 관광을 위해서 보내지 않고 자국민의 보호와 국익을 증대하기 위한 것이라면 대사나 예하 공무원들은 파견 전에 항상 충분한 교육이 필요하다. 또 일정 기간마다 재교육이 필요하다. 감독관은 동급의 경쟁 상대를 보내어 자주 교체하여 철저하게 감독한다. 뉴스에 보면 본국에서 상황 파악이 잘 안 되고 직원 본인들이 외교관으로서 업무 파악이 안 된 경우가 많다. 그래서 국가의 체면을 구기는 성추행 사건 등 부끄러운 일이 일어난다. 비리 사건도 철저한 감사가 안 되어 그렇지 실제 비리가 많을 것으로 추측된다.

　적극적으로는 주재한 지역의 특성과 필요를 잘 파악해서 기업과 협력해서 그곳 주민의 환심을 사서 장기적인 국익뿐 아니라 기업의 확장에도 크게 기여할 수 있어야 한다. 예를 들면 일본의 토요타의 경우는 자동차를 팔기 전에 그 지역의 다리를 놓고 기반 시설을 확보해 주기 때문에 될 수 있는 대로 그 회사의 차를 사게 되는 것이다. 또 일본의 경우 입지 조건이 좋은 곳의 부동산을 매수해 놓아 엄청난 부를 축적했다. 단지 정치인들의 부패가 없어져 정치까지 좋아지면 일본 서민까지 부자가 되었을 것이다. 일본 국민은 가난하다. 우리나라의 부패정치가 계속되면 우리 국민 소수만을 제외하고 일본 국민처럼 가난하게 될 것이다.

공직자 해외 연수를 내실화하길 바란다. 성실하게 평생을 국민을 위해 봉사했으면 상으로 떳떳하게 해외 여행을 보내면 좋겠다. 괜한 되지도 않은 명분을 붙이니 나라 망신시키는 해외 여행이 된 것이다. 해외여행을 현지 통역-여행안내인 5명의 증언에 따르면 여행사에 연수 주제, 일정 등을 일임하고 보고서까지 대필시키는 경우도 있으며 최상급 고급패키지 여행을 연상케 한다.

"준비 없이 왜 이렇게 자주 오나?" 현지 정부기관 조차 혀 내두르는 상태라는 것이다.

네덜란드에서 활동 중인 여행안내인 ○씨는 지난해 헬데를란트주의 한 대학 방문은 지금도 헛웃음이 나올 정도라고 한다. 당시 '미래 전략'을 주제로 연수를 진행하기 위해 네덜란드를 찾은 한 광역시 공무원 10여명은 이 대학에서 시범 운영 중인 자율주행차를 보기로 돼 있었다. ○씨는 이들을 이끌고 일정대로 예정 시간에 학교를 찾았지만, 무슨 영문인지 자율주행차는 이미 수개월 전 시범 운영을 중단한 상태였다. 이러한 여행을 하려면 사전에 여행사나 공무원 쪽에서 대학 측과 전화와 이메일로 방문 내용을 여러차례 점검해 확답을 받고, 학교 측에서 이들을 맞이하는 게 상식이다. 여형도 아니고 시찰도 아니고 차라리 알찬 여행을 하는 것이 나을 것이다.

모범공무원 격려, 선진국 비교시찰·벤치마킹, 장기근속 연수 등 각종 명분으로 진행되는 공무원 해외 연수(국외여행)가 설계부터 실행, 사후보고까지 엉망으로 진행되고 있다. 여행사에 모든 것을 위임하는 이른바 '턴키'(Turn key·일괄 수주 계약)방식의 무성의한 준비와 사전 학습 없는 형식적 기관 방문에 이들을 맞이하는 현지 정부 기관조차 혀를 내두르는 현실이다. 독일·영국·스웨덴·네덜란드 등에서 활동 중인 현지 통역, 여행안내원 5명은 이들 공무원 방문단으로부터 수입을 얻고 있으면서도 "국제 망신 없는 제대로 된 연수가 필요하다"라며 목소리를 높였다.

지자체나 국회의원이 실제로 알찬 연수를 하려면 사전에 그 분야의 전문가인 강사를 초빙해서 7일 정도의 사전 교육을 받고 가되 50%는 본인이 부담하고 가야 할 것이다. 투자한 만큼의 성과를 거둘 수 있을 것으로 생각된다.

공무원들의 역량을 끌어올리고 국제 감각을 넓혀 주자는 각종 해외 연수라면 사전 교육을 받고 충분한 계획을 세우고 국가에서 전액을 부담하여 성과를 올리는 방문이 되어야 할 것이다. 지방재정 365에 따르면 공무원 연수에 투입되는 세금(국제화여비)은 2016년 기준 연간 869억 9,500만 원에 달한다. 해마다 국민참여예산(약 800억 원)에 해당하는 막대한 돈이 투입되고 있음에도 공무원 연수 시스템이 부실하기 짝이 없어 시급한 정비가 필요하다는 지적이다.

이 같은 관행은 일본과 비교해도 대조적인 모습이다. 일본 중앙부처의 한 공무원은 여행사를 이용하는 것은 오직 비용 절감이 목적이고 항공권 등 교통과 숙박에서 여행사가 더 저렴하게 공급할 수 있을 때만 맡길 수 있으며 그 외 업무는 여행사에 맡기지 않는다고 한다. 북유럽 전문 가이드 ○씨는 "이웃 국가와 대륙으로 연결된 스웨덴은 쓸데없는 국외연수 개념이 아예 없을뿐더러 의원들도 업무 일정을 짤 만큼 공직 사회에서 능동적으로 연수 및 출장 관련 일정을 직접 관리하는 게 일반적"이라고 말했다.

또 문제는 위임받은 여행사 중 일부가 섭외를 부실하게 해 몇 안 되는 공식 방문 일정마저 차질을 빚게 된다는 점이다.

영국 런던의 통역원 ○씨는 "영국의 복지 관련 기관에 연수 일정이 있어 찾아갔지만 알고 보니 여행사 측과 해당 기관의 조율 미비로 섭외가 안 됐다"라며 "당일 갑자기 거절당했고 부랴부랴 유사 기관을 찾아봤지만 결국 실패했다"라고 말했다. 매번 비슷한 주제로 하루가 멀다고 찾다 보니 현지 기관들의 불만도 터져 나온다.

장기간 경력의 독일 안내원 ○씨는 "일주일이 멀다 하고 같은 주제로 서로 다른 지자체와 기관이 동일한 곳을 방문하는 일도 다반사"라고 한다. 독일 정부기관의 한 홍보팀장은 개발도상국도 아닌데 왜 한국은 이렇게 연수를 자주 오느냐라며 물었고 또 다른 기관에선 한국은 연수 내용을 공유하지 않는 것 같다고 해 민망했다"라고 말했다. 이어 그는 "늘 무료로 브리핑을 해주던 한 독일의 유명 연구기관이 수년 전부터 한국 방문객들을 대상으로 수수료 수십만 원을 받기 시작했다"라며 "대놓고 이유를 묻진 못했지만 인력 낭비라는 생각이 들어 방침을 바꿨다는 소문이 돌았다"라고 설명했다.

외무부 직원의 정기연수로 실질적인 외무공무원의 기강을 바로 잡고 국익과 해외주재민들에게 도움이 되도록 관리해야 할 것이다. 모범공무원 해외연수를 현실적이고 감사하는 알찬 여행으로 만들어야 하겠다. 공직자의 해외연수는 충분한 준비를 하고 검증을 마친 후 행정자치부의 결재를 받고 시행하길 바란다.

• 국방부의 변신

　1961년에는 5·16 군사정변이 일어나 군정이 시작되었다. 이후 많은 군사법이 제정되어 오늘에 이르렀다.

　어느 나라나 마찬가지이지만 군정이 시작되면서 그것을 합리화하고 정권 연장을 위해서 인권 유린이 일어났다. 가짜 간첩이 많이 만들어지고 수많은 죄 없는 국민들이 학살당하고 고통이 시작되었다. 독재자들에 의한 만행은 이승만 정권에서 제주 4·3 항쟁, 대전에서 일어난 대학살 사건, 여·순 반란 사건, 일제 치하에서 멸문을 두려워하지 않고 싸워서 나라를 찾고 살아온 임시정부 요인을 비롯한 독립운동가들이 조국에 돌아와 사살되는 아픔을 겪었다. 어디 그뿐이겠는가? 10·26이 없었다면 마산시민은 어떻게 되었을까? 전두환을 비롯한 정권 탈취의 욕구를 채우기 위해 광주 민주화 운동에서 시민들을 일부러 폭력으로 자극하여 그것을 빌미로 집단학살을 자행하는 역사가 이루어졌다.

이런 비극의 역사를 막기 위해서는 직접민주주의가 실현되고 군대는 반드시 국군 통수권자의 명령에 의해서만 이동을 할 수 있어야 하겠다. 국군 통수권자는 이러한 비극의 역사 반복하지 않기 위해서는 외적이 침범하지 않을 때는 국민투표로 찬성이 많을 때만 계엄령을 선포할 수 있도록 한다. 이런 과정 없이 계엄령을 선포하면 반란으로 단죄할 수 있게 한다. 철저한 반성과 독일 같은 청산이 계속되어야 한다.

우선 국민을 괴롭히는 독재는 최고 실력자의 가족까지 희생의 제물이 된다는 것을 알아야 한다. 중앙정보부의 창설자도 그곳에서 고초를 겪었고 그곳의 실력자인 동생의 옆에 방에서 그 형인 최 교수가 죽어 나가고 막강한 실력자들도 희생되었다. 절대 권력은 절대 부패를 낳고 그 권력 밑에서 누구도 예외 없이 희생될 수 있다는 것을 알고 역사로 가르쳐야 할 것이다.

배운자들이 앞장 서서 국방의무를 수행하여야 한다. 국민의 대표라는 이들이 군 의무 면제자들이 많다. 연평도 피격 시에 현장에 나가서 도시락을 폭탄이라고 웃지 못할 코미디를 연출하였다. 이들이 안보를 가장 많이 외치고 안보를 이용하여 당선된 자들이다. 안보를 정치에 이용한 것이다. 그것이 곧 북풍을 이용한 선거이고 가짜 안보였다. 이 같은 가짜 안보는 국민이 정신을 차려서 이용당하지 않아야 한다. 권력자들은 말로만 국민을 위한 것처럼 하였지 국가적인 문제는 관심이 없다. 광주 민주화운동을 여야가 이용만 한 것이다. 민주당은 그것으로 공격하였으며, 친일 잔재 세력들은 그것으로 편 가르기를 해서 자신들의 당선을 이루는 도구로 삼았다. 어찌 그들을 믿을 수 있겠는가?

진정으로 해결하려면 독일과 같이 반인륜적인 범죄는 공소시효가 없다. 별의별 핑계를 다 가져다 대며 학살자들의 처벌을 막은 자들은 반성해야 할 것이다. 간단히 조사하면 되는 것을 왜 그렇게 말장난만 하며 어렵게 하는 것일까?

광주에 파견된 부대는 조작하지 않고 정확하게 기록이 보존되어 있다. 예를 들면 금남로 5가에서 시민이 죽었다면 거기에 주둔한 부대장이 명령해서 살상을 했을 것이 아닌가? 그 주둔군 부대장을 살인죄로 처벌하면 혼자 뒤집어쓰지 않고 곧바로 본인에게 명령한 자를 진술하게 될 것이다. 너무나 상식적인 것을 법률 전문가들이 어렵게 만든 것이다. 독일에는 법률 용어가 없어서 처벌하겠는가? 이렇게 해결하면 억울한 시민이 없어질 것이고 자살율도 떨어질 것이다.

국방의 기초는 독립을 위해 헌신하신 애국지사들의 가족과 유공자 가족들을 잘 예우하여 내가 나라를 위해 헌신하면 내 가족까지 보호받을 수 있는 확신을 주는 것이다. 이런 믿음이 있어야 결속이 되고 군조직의 곳곳에서 충성을 다하게 될 것이다. 우리의 국방의 현주소는 북한군이 탈북해서 7번 노크하고 귀순한 것이 단적인 예다. 이런 현상에서 천문학적인 국방비를 지출하면서 어찌 안심하고 살 수 있겠는가? 잊어버리고 살 것이 아니라 안심할 수 있는 국방이 되길 바란다. 좋은 장비를 도입하는 것보다 중요한 것은 애국심이 생기게 하는 우리나라의 제도가 우선시 되어야 한다.

 칭기스칸은 전리품을 전쟁에서 희생된 사람부터 챙겼다. 우리 가족은 국가가 챙긴다는 마음을 가지고 전쟁하니 군의 사기가 올라가고 목숨을 바칠 각오로 전쟁에 임할 것이 아닌가?

 미국은 어떤가? 이라크에서 돌아오는 전사자를 맞기 위해 새벽 3시에 대통령이 공항에 나아가 격식을 갖추어 영접하니 다민족국가임에도 애국심을 가지고 결속할 수 있는 것이다. 그리고 미국은 안보 보좌관도 군인 출신이 아닌 여성이 하는 것을 보면 우리에게 시사하는 바가 크다.

 국방에도 안심 국방을 위해 일대 혁신이 필요한 것이다. 고가의 무기만 가지고 국방이 되는 것은 아니다. 능력 있는 외교가 무력 못지않은 든든한 국방이다. 노후가 보장되는 복지도 국방이다. 첨단 무기 못지않게 국방 예산을 복지에 쓰는 것이 중요한 것이다. 국방의무 보다는 정당한 대가를 받고 근무하는 모병제가 필요한 시점이다.

● 무질서한 법무부

　우리나라는 행정기관의 체계적인 질서가 먼저 정립되어야 한다.

　최근 정부는 국민들에게 큰 실수를 저질렀다. 공무원이란 신분을 망각하고 국민을 괴롭히고 국민을 괴롭히는 제도를 개선하지 않으려는 것이다. 법무부 장관이 무엇을 하는 직책인지, 검찰총장은 누구의 지시를 따를 것인지도 몰라서 심하게 국민을 혼란시켜서 조국 대 윤석열의 회궤한 편가르기가 생겼다. 정말로 무식한 수준 이하의 사람이 직책을 맡은 것이다. 그리고 공무원은 국민을 잘 모셔서 국민이 편하게 해야 할 것이다. 그런데 일본제국과 군사정권이 우리나라를 지배할 때와 같은 검찰 공화국을 유지하기 위해 국민을 혼돈시키고 편 가르기 하게 만들었다. 기본이 안 된 것이다. 일제와 군사 독재가 사라진지 오래 되었어도 왜 국민을 몹시 괴롭게 하는 그런 제도를 유지하려고 하는지? 야당은 이런 사실을 모르는 사람들을 선동하여 국민을 상처받게 한 것이다. 어디 이것뿐인가? 우리

법에는 근본적으로 독재시대에서 조금도 변화가 없다. 정치인들이 자신의 특권과 배를 위하여 의도적으로 개정하지 않고 검토도 하지 않는다. 그것은 몰라서가 아니라 개정할 의지가 없어서 검토도 하지 않는다. 이것은 간단하다. 국민을 위해 일하기 위한 국회의원이 적고, 법조계 출신 국회의원 비율이 너무 많기 때문이다. 이것을 시정하기 위해서 다음 선거에서는 법조인을 낙선시키는 운동을 막지 말길 바란다.

법무부장관의 역할은 법무부의 모든 직원과 업무를 지휘 및 감독한다.

다만 정치적 영향력을 방지할 목적으로 검찰청법 제8조에서 "법무부장관은 검찰 사무의 최고 감독자로서 일반적으로 검사를 지휘 및 감독한다. 구체적 사건에 대하여는 검찰총장만을 지휘 및 감독한다"고 규정하고 있다.

검찰총장은 검찰청과 검찰을 대표하는 직위로서 대검찰청의 각종 사무와 국내 감찰 사무를 통할하며 전국 검사들의 범죄 수사, 기소, 공소 유지, 형 집행을 지휘 및 감독한다.

검찰총장은 검찰조직상으로 최고 위치에 있으나 법무부 장관의 지휘 및 감독을 받는다. 검찰총장은 검찰총장후보추천위원회의 후보자를 추천받아 법무부 장관의 제청으로 임명하며 국회는 임명에 대한 인사청문회를 실시한다. 검찰총장의 임기는 2년이지만 역대

21명의 검찰총장 중 8명 만이 임기를 채웠다.

앞으로는 한 부서의 무질서로 인하여 국론이 분열되는 불행한 역사를 되풀이 하지 않길 바란다. 많은 검찰총장이 임기를 못채운 이유를 분석하여 문제를 쉽게 해결하길 바란다. 질서 있게 법무부가 자리를 잡으므로 범죄로부터 국민을 보호하는 법무부가 되기를 바란다.

선거, 치열함을 벗고 축제가 되다

용광로에서
만들어진 나라

우리나라의 아름다운 미래

　이제 새로운 정권이 탄생할 것이다. 정권교체는 단순하게 사람을 바꾸는 의미가 아니다. 깨끗한 제도를 만들어 실시할 수 있는 집단으로 정권을 바꾸는 것이다. 자기 가족이나 법조인이라고 봐주고 비법조인에게만 법을 적용하는 것은 공정이 아니다. 나와 온 국민은 함께 새 나라를 만들어 갈 것이다. 이렇게 하려면 절대로 편 가르기에 현혹되지 않아야 할 것이다. 한, 두 사람의 마음대로 나라를 만들지 않고 함께 꿈을 꾸고 함께 만들어 갈 것이다. 언제든지 국민이 제안하고 그것을 국민투표로 결정하여 국민의 결정대로 나라를 이끌어 갈 것이다. 모든 사람은 불가능한 이유를 찾으려고 노력하지만 우리는 불가능하다고 하는 것을 국민과 함께 이루어 낼 것이다. 일제 강점기 100년 후에 우리나라가 일본을 앞서서 나갈 줄을 누가 믿었겠는가? 이제 우리나라의 악의 뿌리가 무엇이었는지를 조사 연구하고 그것을 제거하면 우리를 괴롭게 하던 세력들이 없어져 진정한 해방을 맞게 될 것이다. 항상 이루어질 나라를 상상하면 신바람이 난다. 지금까지는 친미를 가장한 친일 세력이 맥을 이어 국민에게 온갖 탄압을 가하여 괴롭게 하였다. 빨갱이란 말을 만들어 권력과 기득권에 저항하는 국민에게 딱지를 붙이어 반공이란 이름으로 처단하였다. 온갖 부정과 부패 걱정해온 문제를 이제부터 해결하기 시작하게 되었다. 이 해결 방법이 제도이다. 이제 우리 국민은 지역에 무엇을 해주고 개인에게는 무슨 혜택을 준다는 그런 선심성 공약에 속지 않을 것이다. 우리 국민이 믿고 나갈 때 이루어지는 것이다.

지금까지의 발전은 우리에게 불행을 가져다 준 것이었다. 이제부터는 국민이 주인이 되어 기회가 균등하고 열등의식과 억울한 사람이 없으며 자살이 없는 세상이 올 것이다. 식량 자급부터 이루어 일자리가 넘치고 모든 경영인과 노동자가 사랑으로 하나되는 아름다운 나라가 될 것이다.

● 여야가 경쟁적으로 시민을 주인으로 모시는 나라

 국민이 주권을 되찾는 방법은 이번 대선에서 거대 여야의 가짜 대표들이 퇴출되어 그들의 교만이 납작 엎드리게 되는 것이다. 모든 일의 최고의 결정은 국민이 내리게 될 것이다. 국민의 환심을 사기 위해 각 당이 경쟁적으로 노력하게 될 것이다. 일하지 않는 국회의원들이 특권을 내려 놓고 업무에 열심을 낼 것이다. 국민을 괴롭히던 경찰과 검찰들이 편파 수사하지 않고 가짜 간첩을 만들지 않을 것이다. 검찰의 기소 독점권을 폐기하고 국민에게도 기소권이 주어짐으로 검사의 마음대로 죄인이 만들어지는 일이 없어질 것이다. 대통령도 떨어뜨리고 당선시키는 무서운 검찰이 아니라 국민을 범죄로부터 보호하는 아름다운 검찰이 될 것이다. 재판을 공의로 하지 않고 마음대로 하는 자는 처벌을 받고 탄핵되는 나라가 될 것이다. 인공지능을 재판에 도입함으로 세계 어느 나라보다 공정한 재판이 이루어지는 나라가 될 것이다. 기업은 자신을 키워준 국민에게 봉사하는 마음으로 기본소득의 근간이 된다. 기업하는 목적이 삶의 질 향상인 복지에 치중하며 많은 일자리를 창출하는 기관이 될 것이다. 이 기업은 국가에서 경영권을 보장함으로 범죄하지 않고 봉사하는 아름다운 경영을 하게 될 것이다. 따라서 기업인은 존경의 대상이 될 것이고 국민은 회사를 지탱해주는 귀한 소비자가 될 것이다. 대학의 무상교육과 대학의 무시험으로 자신이 원하는 공부를 기쁨으로 하고 억지로 하는 지옥에서 벗어나게 될 것이다. 대학 통폐합으로 노벨상 수상이 줄을 이을 것이다.

● 여야가 짜고 봐주는 부조리가 깨끗해지는 나라

 5권 독립과 불간섭의 교만이 사라지고 3권분립과 견제가 자리를 잡는 세계에서 가장 살기 좋은 나라 좋은 영향을 끼치는 나라가 될 것이다. 공직자의 부조리에 대한 공소시효가 무제한으로 될 것이다. 독일을 비롯한 다른 나라에서 실시되는 반인륜적, 반 민족적인 범죄의 공소시효가 사라져 범죄가 없는 나라가 될 것이다. 낮에는 야당 밤에는 여당하는 정치인이 사라질 것이다. 사실을 적시하는 고발이 있어도 힘이 있는 자들이 빠져나가게 만든 명예훼손법을 개정해서 부정이 싹트지 못하게 될 것이다. 국가의 중요한 사안은 국회가 결정한 다음으로 국민투표로 확정 되게 될 것이다.

● 개인 정당 방위권 수호

　우리나라는 이웃이 어려움을 당할 때 구해주기 어렵도록 법이 되어 있다. 이웃의 어려움을 도와 주고 함께 막아주는 행위도 정당방위에 포함시키므로 어려움에 처하는 사람을 마음 놓고 도울 수 있는 나라가 될 것이다. 또 보복을 할 수 있게 법이 허용함으로 언젠가 자신에게 돌아올 보복이 두려워 다른 사람을 해치지 못하는 안전하고 건전한 사회가 될 것이다. 약한 자들이 안심하고 살 수 있게 될 것이다. 불의한 자들과 남에게 가해하는 자들을 이웃이 합심하여 물리치는 더불어 잘사는 아름다운 나라가 될 것이다.
　우리나라는 세계적으로 CCTV가 많이 설치되어 증거 인멸이 어려운 나라이다. 일어나는 사건에 비해 터무니없이 부족한 수사 인력 때문에 미제 사건이 많다. 일부 공권력의 왜곡으로 누구든지 영상으로 그 사람임이 확인되었음에도 김학의 사건처럼 무죄로 풀려나오는 일들이 있다. 명예훼손죄(형법 제 307조 1항 공연히 사실을 적시하여 사람의 명예를 훼손한 자는 2년 이하의 징역이나 금고 또는 500만 원 이상의 벌금에 처한다. 2항 공연히 허위의 사실을 적시하여 사람의 명예를 훼손한 자는 5년 이하의 징역, 10년 이하의 자격정지 또는 1천만 원 이하의 벌금에 처한다.) 때문에 피해를 당하고도 힘이 없는 자가 당할 수밖에 없는 사회에서 해방될 수 있다. 이렇게 수사력이 미치지 못한다거나 의도적으로 왜곡 수사하는 것을 막는 방법으로 수사가 제대로 이루어지지 못한 곳에 사립 탐정이 조사(수사)하게 될 것이다. 사립탐정을 고용하거나 국선 탐정을 고용하여 수사력이 보충되어 억울한 사람이 없는 사회가 되어질 것이다.

경찰이나 검찰에서 왜곡 수사가 없어질 것이다. 공직자 비리는 공소시효를 없앰으로 말미암아 아예 부정을 생각하지 못하는 수사와 깨끗한 공직사회가 될 것이다. 누구든지 남에게 가해하면 반드시 보복이나 처벌을 받을 것이기 때문에 가해자가 없어질 것이다. 인공지능과 배심원이 재판을 하기에 어떠한 공권력도 우리를 부당하게 괴롭힐 수 없게 될 것이다. 지금까지의 관행처럼 편파적인 수사하거나 불공정한 재판이 없어지고 신속하게 이루어져 각자의 일에 지장이 없어질 것이다. 재판 건수가 많아 재판을 잘못해서 피해자가 가해자로 되는 일이 없어질 것이다. 재판 건수가 3분의 1로 현저히 줄어들 것이다. 판사의 정밀한 심리로 잘못된 판결이 적어질 것이다.

• 일상생활이 걱정 없는 나라

　식량 자급을 어떻게 생각하고 있는가? 식량 자급은 국민이 생존하는 가장 기본적인 경제 조건이다. 우리가 선진국 조건 중에서 간과하고 있는 것이 식량 자급화이다. 선진국은 안정된 나라를 뜻한다. 식량 자급이 안 되면 식량 무기화가 될 것이다. 요즈음 우크라이나에서 전운이 감돌고 있다. 러시아가 우크라이나 침공하는 것을 막기 위해 미국을 비롯한 나토가 나섰다. 그러자 러시아가 유럽으로 가는 가스관을 차단하겠다고 협박하고 있다. 여러가지 자원이 무기화 될 수 있지만 식량 자급이 가장 중요함을 우리에게 확실하게 보여 주고 있다. 농사를 많이 지으면 환경이 좋아져서 질병 예방에도 큰 도움이 된다. 특히 논농사의 경우는 전국의 저수지에 있는 저수량의 1.7배가 논에 저수되어 치수와 건강의 두 마리 토끼를 한꺼번에 잡을 수 있게 된다. 지금까지는 이런 것에 관심도 없었고 환경에도 무관심하여 적당히 넘어가는 나라였으나 이제 관심을 가지는 나라가 될 것이다. 난개발이 없어질 것이다. 어떠한 금융 대란이나 경제적인 어려움이든 외부 압력이 와도 일단 먹고 살면서 연구하며 준비하여 후일을 도모하는 걱정 없는 나라가 될 것이다. 대학 통합과 무시험 추첨제로 입시 걱정과 사교육이 없고 학비 걱정 없는 나라가 된다. 대학 무시험을 통해 지역의 균형발전으로 수도권 인구 집중이 해소되는 나라가 된다. 아파트를 아무데나 짓는 난개발이 없는 자연 환경이 보호되는 친환경적인 나라 저렴한 물가, 주택 걱정 없고 환경이 보호되며 무상교육이 이루어져 풍요로운 나라가 될 것이다. 세계적으로 비싼 물가가 물류의 개선으로 가장 저렴한 나라가 될 것이다. 대학까지 무상교육으로 국민소득 대비 세계에서 가장 비싼 학비에서 벗어날 것이다. 필요없는 사교육비를 없앨 것이다. 불필요한 대학원 진학을 없앨 것이다. 기초생활보장, 토지평등권과 농민의 기본소득을 보장함으로 농촌에 아기들의 울음소리와 노래소리가 울릴 것이다. 기업경영이 쉽고 보장되며 안심하고 사업을 할 수 있다. 국가가 경영권을 보장해 주는 나라가 된다. 기업은 안심하고 기업 상품의 구매력 향상과 기업의 발전에 도움을 준 국민의 기본 소득보장을 위해 마음껏 세금을 내는 나라가 될 것이다. 실질 소득이 지금보다 몇 배가 되는 부유한 백성과 복지국가가 되도록 할 것이다. 임대료 법을 공시가의 60%로 정하므로 소상공인과 자영업하시는 분이 임대료 인상의 걱정이 없이 안심하고 사업을 할 수 있게 될 것이다.

• 국립대학 통합과 기초과학 부흥

　교육이란 인간이 살아가는 데에서 서로 사랑하는 공동체를 이루며 안전하고 편리하게 살아가기 위해 지혜를 배우는 것이다. 교육의 목적은 집단의 안전과 행복이다.

　자살율 1등인 나라는 무엇을 의미하는가? 희망이 있다는 말인가? 공정하다는 말인가? 사랑이 가득한 나라인가? 억울함이 없다는 것인가? 먹고 사는데 걱정이 없는 것인가? 경쟁이 우리에게 촉매제로만 작용되는가? 기회는 공정하며 실패했을 때 재기의 기회는 여러 번 주어지는 것인가? 교육기관이 우리에게 배움의 즐거움을 주는가? 우리에게 좌절과 열등감을 주고 희망을 앗아간다면 그 교육과 교육기관은 없애야 한다.

　독일은 대다수의 국민이 열등의식이 없다고 한다. 여러 가지 평가가 없이도 성공적인 교육이라 할 것이다. 우리나라는 어떤가? 대다

수 국민이 열등의식에 쌓여 있다. 이는 대학 서열화 때문이다. 이것이 국민 의식 속에 깊이 자리 잡고 있기 때문이다. 서열화가 골수에 사무쳐 있는 것이다.

가장 높은 점수로 입학한 수석합격자는 세계적으로 가장 선망이 되는 학교에 못 들어간 것에 대해 열등의식이 있다. 그것도 미국의 유명한 대학이 매년 몇천 명, 몇만 명씩 졸업생을 배출한다면 서열화가 상식화 되어 있는 우리는 열등의식을 갖게 된다. 일류 회사 직원이나 최고의 연구업적을 낸 학자들까지도 위를 보면서 열등의식을 느낀다. 열등의식도 우리 교육제도에서 습관화된 것이다.

어떤 사람이 자기가 특정 대학 출신이라고 자랑한다면 듣는 사람이 비웃을 것이다. 미국의 모모한 대학과 비교도 안 되는 대학인데 뭐가 잘났다고 자랑을 하는 것일까?

이의 원인이 18세에 운명이 결정되는 우리 사회의 대학 서열화 때문이다. 한 번의 시험으로 운명이 결정되고 패자 부활전 즉 재기의 기회가 없는 것이다. 열등의식이 있으면 과연 우리는 행복할까?

바로 우리 대학을 1차적으로 국립대학을 모두 통합하고 한국 1대학, 2, 3, 4, 5대학으로 정하여 기초학을 중점적으로 공부하고 연구하는 대학으로 특성화시켜야 할 것이다. 기초학이 튼튼하지 못하면 국가의 학문과 기술이 발전할 수 없다. 즉 노벨상의 꿈을 꿀 수 없다. 기초학에는 비용이 많이 들고 인기가 없어 국가의 적극적인 지원이 필요하다. 미국의 경우 국가의 기구 즉 국방부에서 연구한 컴퓨터, 초음파, 스마트폰 등의 민간이 할 수 없는 분야에 막대한 비용을 투자하고 그 기술을 민간이 가져다 응용하여 쓰도록 하여 첨단의 산업국가가 된 것이다.

이번 기회에 확실한 탈바꿈을 하자.

대학통합으로 인한 변화를 살펴보자.

우리국민의 열등의식을 단번에 없애서 행복한 나라 건설의 디딤돌이 될 것이다.

기초 과학 강국이 된다. 인구분산과 아파트 문제를 한꺼번에 해결한다.

출산율의 증가와 자살율 급감이 이루어진다. 국민통합이 이루어진다.

지금까지 실천하려던 인성교육과 모든 좋은 교육제도를 실시할 수 있다.

"세계에서 가장 우수한 자녀를 낳아 대학 서열화로 가장 저질로 만드는 교육"이라는 비난을 면하고 교육 강국이 될 것이다.

국립대학 통합할 때 모든 대학의 입학은 무시험으로 하고 대학배정은 추첨제로 한다.

전국에 있는 국립대학을 통합하여 기초학 중심의 대학으로 각 지역에 특성화 대학을 둔다. 특성화 대학은 추첨제로 결정한다. 기초학문 중심의 대학으로 국가와 지방발전의 근간을 만든다.

대학까지 무상교육 및 매년 국가 자격 고사 실시한다.

우리나라의 예산 20%만 절감되면 대학까지 무상교육이 가능하다. 국가의 예산이 투입되는 것이므로 자격을 관리해야 한다. 매년마다 한번의 평가 시험을 쳐서 2회의 미달은 제적을 시킨다. 유럽처럼 졸업시험을 쳐서 합격자에 한하여 졸업을 할 수 있게 한다. 이렇게 하면 실업자가 현저하게 줄어들 것이다. 매년 치르는 국가 시험에 불합격할 사람은 아예 대학을 입학하지 않고 실업계로 가서 쉽게 취업하여 자리를 잡을 수 있다. 대학 학업이 불가능한 학생들이 학벌 인플레이션으로 실업자가 되는 것을 막을 수 있다.

사립대학의 예·체능 입시 심사위원회 설립 법을 만들어야 한다.

우리나라는 예·체능에 재능이 있어도 경제적으로 부자가 아니면 재능을 키울 수가 없다.

훌륭한 강사나 교수 밑에서 한 번에 거액의 레슨비를 내고 장시간 교습을 받아야 합격할 수 있다. 거기에 따라서 합격, 불합격이 결정되기 때문이다. 아무리 가까운 친척이 교수여도 소용없다. 평가의 공정성이 없는 것이다. 그래서 능력과는 무관하게 경제력에 의해서 합격 여부가 정해진다. 공정성을 가지려면 각 대학교 별로 심사교수팀을 만들어 이름을 제출한다. 시험 당일 추천을 통해서 각 대학으로 배치되어 채점하고 합격자를 이들이 발표한다.

합격자 명단은 교육부에 제출한다. 그러면 세계적인 예술가들이나 운동선수들이 많이 키워질 것이다.

모든 교육제도를 학생에 초점을 맞추어 제정해야 한다.

학제를 바꿀 때는 국민투표를 거쳐서 서민 가정의 학생까지 학생을 위한 제도를 만들어야 된다.

사립대학교는 응용과학의 특성화를 선택한다.
국립대학의 통합 이후 다음 단계로 이루어져야 할 과제이다.
나는 인권을 중시한다. 그러나 인권이 무엇인지 질문한다. 우리 아이들의 학생지도의 어려움으로 학생의 생명이 지켜지지 않을지 조심스럽다. 학생의 인권의 첫 번째 고려 사항은 생명을 지키는 것, 두 번째는 아이들이 기초학습능력을 갖추어 학교가 재미있어 학교에서의 범죄를 막고 앞으로 스스로 무엇을 배우든지 취업하여 생계를 유지할 기본지식을 습득하고 나오게 해야 할 것이다.

영세 중립국 : 모든 나라가 우방인 나라

금수강산이 중립화 통일을 이루어야 되는 정치적 이유

남북으로 나뉜 우리나라의 정국하에 통일 및 남북 대화, 교류 협력을 통해 전쟁 위험이 없는 평화 지대가 되는 것이 우리 국민의 모든 영역에서 가장 중요하다.

2003년 남북출입국사무소를 개소하고 2004년 개성공단사업단과 남북경제협력협의사무소를 신설했다. 이명박 정부가 들어선 이후로 2009년 개성공단지원사업단이 폐지되고, 2010년 천안함 침몰 사건과 연평도 포격 사건으로 남북교류가 얼어붙었고 2013년 박근혜 정부가 들어선 이후에도 지속적으로 관계 개선을 이루지 못했다. 더욱이 2016년 북한의 핵실험과 미사일실험 등으로 인해 갈등이 심화되자 결국 양쪽 정부는 남북교류의 상징적인 개성공단의 폐쇄에 이르렀다. 개성공단을 통한 북한의 민심은 개성공단에 취업하는 것이 꿈이었다. 복지시설이 좋고 보수가 북한의 교수보다 2배 이상

높아서 심정적인 동요를 일으키고 있었다.

거의 단절 상태였던 남북관계는 2017년 문재인 정부가 시작되면서 점차 완화되기 시작하였다. 2018년 1월 1일 김정은 북한 노동당 위원장이 2월에 개최되는 평창동계올림픽에 대표단 파견 용의를 밝힌 후, 1월 9일 통일부 조명균 장관과 북한의 리선권 조국평화통일위원장이 남북 대표로 고위급 회담을 갖고 군사당국 회담과 교류협력 활성화 방안을 논의했다 이후 3월 5일, 청와대 국가안보 실장 및 통일부 차관 등의 5명으로 구성된 대북 특별사절단이 특별기편으로 평양에 도착해 3차 남북정상회담 개최와 북한의 비핵화 의지에 대한 합의를 만들어냈다.

간혹 우리나라 통일부의 큰 실수를 목격하게 된다. 많은 노력을 기우려서 이룬 관계 개선에 찬물을 끼얹는 일을 저지른다. 통일부와 안기부가 탈북민들을 단체로 모시고 온다. 무슨 일을 하든지 항상 상대방의 입장에서 생각하고 행동해야 할 것이다. 단체로 탈북동포를 모시고 오면 북한에서 좋아하겠는가? 지극히 초보적인 것도 고려하지 않고 단체로 자랑스럽게 공개적으로 모시고 온다. 언론에 공개하지 말고 비밀스럽게 조용히 거두어야 할 것이다. 그리고 무슨 사건이 터지더라도 남북관계 개선을 목적으로 해야지 그것을 정치에 이용하려는 생각은 버려야 한다. 우리나라에서는 큰 사건이 일어나도 무마하기가 쉽다. 어려우면 그것을 북한의 소행으로 결론짓기 때문이다. 또 정국이나 선거가 힘들 때마다 가짜 간첩을 많이 만들어서 수많은 국민들의 친인척까지 눈물을 흘리고 자살하게 만든다. 이제는 정부가 집권에만 목표를 세우지 말고 평화로운 나라가 되도록 힘을 기울이길 바란다.

나는 통일을 원한다. 교류만 이루어져도 그렇다. 서로에게 줄 것이 많기 때문이다. 우리는 미워하지 않고 동포애를 나눌 수 있다. 평화를 정착시키므로 세계적인 군사 대국인 남북의 군비를 축소하므로 막대한 예산을 국민들에게 쓸 수 있어 모두의 실질 소득을 현저하게 높일 수 있다. 대외무역의 경쟁력을 높일 수 있다. 북한의 히토류를 비롯한 막대한 지하자원이 확보되고 북한의 저렴한 임금으로 기업 경쟁력이 상승한다. 북한은 지하자원의 판로가 열리고 임금 소득으로 경제 활성화를 할 수 있다. 저임금을 받아도 인플레이션이 된 남한 못지않게 윤택한 삶을 누릴 수 있다. 평화가 유지되면 수많은 관광객이 찾아와 관광 대국이 되고 많은 무역상들이 찾아와 남북한 모두 무역 흑자를 훨씬 상승시킬 수 있다. 외교적으로도 많은 유리한 고지를 차지할 수 있다. 또 대륙간 철도로 화물운송에 엄청난 효과를 가져올 것이다.

북한이 전쟁을 일으킬 것에 대한 염려는 안 해도 될 것이다. 북한의 상류층들은 대단히 호화롭게 잘 살고 있다. 미국을 덤벼서 살아남은 독재자들이 있는가? 미국에게 대항하면 그처럼 좋은 것을 모두 **빼앗기게** 될 것이다.

우리의 통일에는 몇 가지 큰 그림을 그리면서 추진해 나아가야 할 것이다. 서로 인정하는 것이 중요하다. 서로 좋은 것 또는 의견 차이가 크지 않는 것부터 우선으로 추진한다. 서로에게 기분 좋은 방법으로 한다. 통일비용을 최소화해야 할 것이다. 미·중·러와의 외교를 통해 자연스럽게 해야 한다. 문화충돌이 없어야 할 것이다. 우리는 다각도로 비용이 적게 들고 부작용을 최소화 할 수 있는 통일을 준비해 왔다. 탈북동포 대책부터 마찰이 없이 해야 할 것이다. 지금은 탈북동포를 극빈자로 만들고 있다. 북한 동포가 동일하게 잘 사는 방법으로 해야 할 것이다.

이렇게 좋은 분위기를 지엽적인 문제로 단절시키는 것이 과연 옳은 것인가? 우리는 북한보다 성숙한 자세로 임해야 할 것이다. 어린아이처럼 상대방의 속을 파악하지 못하고 유아적인 방법으로 대응하지 말아야 할 것이다. 통일에 미온적인 시민들은 남북협력과 통일은 서로에게 참으로 많은 것을 줄 수 있음을 깨닫길 바란다. 관계 개선부터 통일까지 부작용이 없이 할 수 있으니 통일에 대해 염려하지 말고 기꺼이 합심하여 통일에 힘을 모으길 바란다. 자세한 방법을 소개하지 못함은 상대가 오해할 수 있기 때문에 공개할 수는 없다.

전문가들은 "남북 상황이 악화돼 휴전선에서 포성이 들리고 조준사격 하면 외국 투자가 확 줄고 국제외환금리가 바로 오른다"고 지적했다.

또 "외국에서 한국에 돈 빌려줄 때 이자를 확 올리고 이미 빌려준 돈에 대해서도 이자를 올린다"며 "주가도 떨어지고 저평가되서 국내 투자가 줄어든다. 이것만 해도 훨씬 더 비용이 많이 든다"고 말했다.

어떠한 이유로도 전쟁을 일으키면 승리하는 쪽도 잿더미가 된다. 미성숙한 사람처럼 북한이 포탄을 쏘았으니 우리도 쏘면 이것이 전쟁이다. 협상을 통해 협력관계를 만드는 게 진정한 능력이고 평화다. 이것이 최상수다.

현 정부 대북정책이 북한에 퍼주기라는 지적에 대해 일부의 사람들이 왜 사실을 왜곡하는지? 박승 전 한국은행 총재가 쉽게 설명해 주었다. 형제가 있는데 형은 잘살고 동생은 가난하여 술만 마시면 칼을 가지고 와서 형을 협박한다고 가정하자. 동생과 관계를 어떻게 해야 하겠는가? 내가 네게 준만큼 너도 나에게 달라고 해야 하겠는가? 최소한 동생이 먹을 것을 주고 끌어안아야 하겠는가? 집안의 평화를 위해 끌어안아야 할 것이다. 북한 지원의 규모는 한 달에 100만원 버는 형이 600원을 주는 것이다. 퍼준다는 것은 과장이다. 가정의 평화를 위한 최소한의 보험이다. 이렇게 과장하는 것은 우리나라의 평화를 반대하는 자들의 소행으로 생각된다. 현재 북한을 지원하는 규모는 정부와 민간, 유상과 무상 원조를 합해서 금강산 관광 댓가를 제외하고 5억불(한화 4800억) 정도다. 우리나라 국내 총생산의 0.06%에 해당한다. 북한이 우리를 잘 살게 해줄 수는 없지만 못살게 할 수는 있다. 가령 휴전선에서 작은 도발이 있거나 핵실험을 하면 우리 주가가 출렁이고 신용등급이 올라가지 못한다. 현재의 대북지원은 가정평화를 위한 최소한의 보험이고 지원이라는 것이다. 이것을 과장하는 것은 불순한 자들의 소행인 것이다.

세상의 모든 나라는 자국과 주변국의 평화가 필요하다고 한다. 미국, 중국, 러시아와 유럽 모두 전쟁을 원치 않고 평화를 원한다. 자국에서 전쟁이 일어나면 잿더미가 되고 인근에서 일어나면 불똥이 튀고 우방의 명분으로 지원군을 보내어 희생되어야 하기 때문이다.

우리나라는 전쟁의 불씨를 안고 있는 유일하게 분단된 나라다.

미국은 평화를 지키기 위한 경찰국가임을 전 세계에 천명하였기 때문에 우리나라가 중립화 통일을 이루어야 한다. 우리가 미국을 알고 있듯이 테러국에 자국민이 억류되었을 때 어떠한 대가를 치루더라도 한 사람의 생명을 소중히 여겨서 구출해 내는 인권국가이기 때문에 국제적으로 중립화 통일 분위기는 성숙되어 있다.

이제는 그 어떤 나라도 우리의 통일을 막을 구실이 없다. 모든 강대국의 외교적 승리이기 때문이다.

남·북한의 결단 만이 남아 있다.

금수강산이 중립화 통일의 지정학적인 이유는?

우리나라는 지리적으로 아시아 대륙의 동북 변경에 위치하면서 북으로는 중국과 러시아와 국경을 접하고, 동으로는 좁은 해협을 사이에 두고 일본과 마주하고 있다.

그동안 국제적으로 미개했기 때문에 서로 침략하고 빼앗아서 그것을 활용하려고 했던 잘못을 저질렀다. 일본은 독일처럼 과거의 잘못을 철저히 반성하고 사과하여 우리나라와 협력관계를 이어 나가 대륙으로 진출하여야 할 것이다. 그렇게 하면 대륙간 철도를 이용하여 일본뿐 아니라 중국과 미국 러시아 등 저렴한 비용으로 교역할 수 있게 되는 것이다. 행여 과거처럼 무력 시위를 하고 군대를 움직인다는 것은 아무리 전쟁에 승리한다고 해도 자국민에게도 커다란 희생을 치루는 지혜 없는 행동이 될 것이다. 그리고 이제는 세계적으로 이런 군사적인 행동은 용인하지도 않을 것이다.

당장 인도주의와 평화를 내세우는 미국이 용납하지 않을 것이다.

우리가 중립국 통일을 이루면 모두가 우방이 될 것이다. 우리나라를 모든 나라가 활용할 수 있을 것이다. 우리나라를 활용하면 물동비용이 현저히 감소할 것이다. 군대를 유지할 필요가 없다. 각 나라가 막대한 군사력 경쟁이 필요 없어진다. 국방력 유지비용으로 국민들에게 기본소득을 나누어 직장을 구하기 위한 살벌한 삶을 살지 않아도 된다. 일본이 우리나라에 흔쾌히 사과함으로 적대적인 관계가 평화적인 관계로 풀려서 가장 가까운 우방이 될 것이다. 미국의 세계적인 역할로 보아 일본과 우방이 되는 것을 방해할 우려는 없을 것으로 생각된다.[*]

---

[*] 강종일의 한반도 중립화 통일의 당위성.

과거에는 강대국과 주변국의 방해공작이 심했다. 이제는 우리나라가 영세중립을 선언했을 때, 반대할 나라는 없다. 모든 나라가 수혜국이 되기 때문이다.

우리나라가 영세 중립국이 되는 것은 모든 나라가 국제정치에서 승리하게 되는 것이다.

생각을 바꾸니 정치가 쉬워졌고 모두의 외교 정책도 단순해졌다. 우리나라의 영세 중립화 통일을 지지하는 층이 많이 두껍다. 과거에는 국제 정치에 나서는 외교관들이 침략주의 및 패권주의 사고를 가지고 군사대국이 되려고 군비경쟁을 하던 시대였기에 반대할 수밖에 없었다. 이제는 사업하는 목적도 달라졌다. 회사가 경쟁에서 이기므로 더 많은 고용을 하여 다른 사람을 유익하게 하는 것이다. 무기상이나 그 누구도 죽을 때 돈을 가져갈 수 있는 사람이 없다는 것을 깨달았기 때문이다. 다시 한번 강조하는 것은 미국을 비롯한 모든 나라가 평화를 원하고 자국민들의 희생을 원치 않으며 우리나라의 영세중립국화 통일은 세계의 화약고를 없앤다. 패권주의 사고만 버리면 된다. 우리나라를 활용하면 모두가 이익인 외교적인 승리다. 이제 우리 남북이 서로의 체재를 인정하면서 외교적으로 중립화를 먼저 선언하면 되는 것이다.

남과 북이 서로 소통하면서 쉬운 것부터 협의해 소통하고 실행해 나가면 된다.

나는, 내가 사랑하는 사람이 사는 대한민국을 사랑한다.

내가 사랑하는 대한민국이, 국민이 주인인 진정한 민주 국가로 거듭나고 중립화 통일을 이루어 평화로운 금수강산에서 아이들의 노래가 전국에 울려 퍼지는 아름다운 나라가 되길 간절히 바란다.

>> 참고문헌

- 최자영 『거짓말 공화국, 최자영』 헤로도토스, 2020.
- 최자영 『시민과 정부간의 무기 평등화』 헤로도토스, 2019.
- 강종일 『한반도 생존전략 : 중립화』 해맞이 미디어, 2014.
- 장하준 『장하준의 경제학 강의』 부케, 2012.
- 최양근 『한반도형 남북연합과 단계적 연방국가 건설』 도서출판 선인, 2017.
- 이정호 『나는 행복한 내과 의사입니다』 한국경제신문, 2021.
- 톰 플레이트 『리콴유와의 대화』 RHK, 2004.
- 김형석 『유일한의 생애와 사상』 올댓스토리, 2016.
- 유진수 『가난한집 맏아들』 그림책 사랑, 2012.

선거, 치열함을 벗고 축제가 되다

초판 1쇄 발행 2022년 3월 7일

지은이 이정호
펴낸이 최자영
펴낸곳 헤로도토스 HERODOTOS
　　　　등록 2017년 11월 1일 제481-90-00480호
　　　　주소 부산광역시 금정구 장전온천천로 35, 3층
　　　　전화 051-515-3284, 010-6605-0428
　　　　FAX 051-966-1016
　　　　Homepage www.fairsociety.kr
　　　　E-mail herodotos.corea@gmail.com

교정 및 디자인편집 애드가
표지디자인 및 북디자인 애드가
인쇄처 호성P&P
　　　　등록 2017년 10월 20일 (제2017-000011호)

ISBN 979-11-976690-3-3 (03300)

값 15,000원
※ 잘못된 책은 바꾸어 드립니다.